R. Brueck / K. Mann
Alkoholismusspezifische Psychotherapie

R. Brueck / K. Mann

Alkoholismus- spezifische Psychotherapie

Manual mit Behandlungsmodulen

Unter Mitarbeit von Katrin Frick

Mit einem Geleitwort von Mathias Berger

Mit 8 Abbildungen, 4 Tabellen, 25 Arbeitsblättern und 17 Therapeuten-Checklisten

Alle Arbeitsblätter und Therapeuten-Checklisten auf CD-ROM

Deutscher Ärzte-Verlag Köln

Rigo Brueck M.A., Psychologe
Albert-Ludwigs-Universität
Klinik für Psychiatrie und
Psychotherapie
Hauptstr. 5
79104 Freiburg

Prof. Dr. med. Karl Mann
Direktor der Klinik für
Suchtmedizin und
Abhängiges Verhalten
Zentralinstitut für Seelische
Gesundheit
Ruprecht-Karls-Universität
Heidelberg
Postfach 122120
68072 Mannheim

ISBN 978-3-7691-1227-6
ISBN   3-7691-1227-X

Bibliografische Information Der Deutschen Nationalbibliothek
Die Deutsche Nationalbibliothek verzeichnet diese Publikation in
der Deutschen Nationalbibliografie; detaillierte bibliografische
Daten sind im Internet über http://dnb.d-nb.de abrufbar.
Die Wiedergabe von Gebrauchsnamen, Handelsnamen, Waren-
bezeichnungen usw. in diesem Werk berechtigt auch ohne besondere Kennzeichnung nicht zu der Annahme, dass solche Namen
im Sinne der Warenzeichen- oder Markenschutz-Gesetzgebung
als frei zu betrachten wären und daher von jedermann benutzt
werden dürfen.

Wichtiger Hinweis:
Die Medizin und das Gesundheitswesen unterliegen einem fort-
während Entwicklungsprozess, sodass alle Angaben immer nur
dem Wissensstand zum Zeitpunkt der Drucklegung entsprechen
können.
Die angegebenen Empfehlungen wurden von Verfassern und
Verlag mit größtmöglicher Sorgfalt erarbeitet und geprüft. Trotz
sorgfältiger Manuskripterstellung und Korrektur des Satzes kön-
nen Fehler nicht ausgeschlossen werden.
Der Benutzer ist aufgefordert, zur Auswahl sowie Dosierung von
Medikamenten die Beipackzettel und Fachinformationen der
Hersteller zur Kontrolle heranzuziehen und im Zweifelsfall einen
Spezialisten zu konsultieren.
**Der Benutzer selbst bleibt verantwortlich für jede diagnostische
und therapeutische Applikation, Medikation und Dosierung.**
Verfasser und Verlag übernehmen infolgedessen keine
Verantwortung und keine daraus folgende oder sonstige Haftung
für Schäden, die auf irgendeine Art aus der Benutzung der in dem
Werk enthaltenen Informationen oder Teilen davon entstehen.
Das Werk ist urheberrechtlich geschützt. Jede Verwertung in
anderen als den gesetzlich zugelassenen Fällen bedarf deshalb
der vorherigen schriftlichen Genehmigung des Verlages.

Umschlagkonzeption: Hans Peter Willberg und Ursula Steinhoff
Titelgrafik: Bettina Kulbe

Satz: Plaumann, 47807 Krefeld
Druck/Bindung: farbo print+media GmbH,
50969 Köln

5 4 3 2 1 0 / 618

Geleitwort

Die Behandlung der Alkoholabhängigkeit hat sich in den vergangenen Jahrzehnten enorm weiterentwickelt. Nicht unbedeutend für diese Fortschritte war die Ausrichtung auch dieses Bereichs auf die Forderungen der evidenzbasierten Medizin und eine störungsspezifische Betrachtungsweise, die über schulengebundene Modelle hinausgeht.

Besonders bei epidemiologisch häufigen Krankheiten, zu denen auch Alkoholmissbrauch und -abhängigkeit zählen, erscheint es sinnvoll und empirisch begründbar, Therapiekonzepte aus der exakten Beobachtung von Krankheitsbildern, aus ihren spezifischen Entstehungsverläufen und Modifikationsbedingungen herzuleiten und einzelne Therapiebausteine einer Wirksamkeitsprüfung in randomisierten-kontrollierten Studien zu unterziehen, bevor sie in ein therapeutisches Gesamtkonzept übernommen werden. Dieses Modell geht davon aus, dass Krankheitsbilder zu einem Zustand führen können, in dem die Betroffenen trotz prämorbid unterschiedlicher Charaktereigenschaften durch die Erkrankung im Verhalten, emotionalen Erleben und in ihren kognitiven Abläufen große Ähnlichkeiten aufweisen. Störungsspezifische Therapien setzen genau an diesen, durch das Störungsbild verursachten Problembereichen an, ohne jedoch die Individualität des Patienten zu vernachlässigen. Mit dem Abklingen der akuten Erkrankung lösen sich auch die großen interindividuellen Ähnlichkeiten im Erleben und Verhalten der Patienten auf und machen

wieder einer stärkeren Individualisierung Platz. Dies verändert die dann erforderlichen therapeutischen Strategien. Je nach Störungsbild und Stand der empirischen Evaluationsforschung kann Psychotherapie das Hauptverfahren sein; oder aber einen Baustein in einem durch Art und Schwere der Erkrankung notwendigen mehrdimensionalen Behandlungskonzept darstellen.

Das in der Psychotherapie überzeugendste und geradezu idealtypische Beispiel ist die Entwicklung der Interpersonellen Psychotherapie (IPT) bei Depressionen durch Klerman und Weisman, die lange vor der Ära der evidenzbasierten Medizin präzise diesen Weg gewählt haben.

Mit der Alkoholismusspezifischen Psychotherapie (ASP) steht dem deutschsprachigen Versorgungsnetz für Alkoholabhängigkeit nun erstmals eine ambulante, manualisierte, modulare und evidenzbasierte State-of-the-art-Kurzzeitbehandlung zur Verfügung, die sowohl als umfassende Psychotherapie eingesetzt werden kann, aber auch die Möglichkeit bietet, einzelne Module des Verfahrens separat als Kurzinterventionen zu nutzen.

Herrn Prof. Mann und Herrn Brueck gebührt Dank, das umfangreiche Werk ins Deutsche übertragen und an deutsche Verhältnisse angepasst zu haben.

Freiburg, im August 2006
Prof. Dr. Mathias Berger

Vorwort

Die Psychotherapie nimmt einen zentralen Platz in der Behandlung von Alkoholabhängigen ein. Die stationäre Rehabilitation und die ambulante Therapie zur Rückfallprophylaxe stützen sich wesentlich auf psychodynamische und verhaltenstherapeutische Verfahren [Loeber, Mann 2006]. Im letzten Jahrzehnt ist speziell für Alkoholabhängige die „motivierende Gesprächsführung" entwickelt worden. Umfangreiche empirische Untersuchungen hierzu haben erstaunlich gute Resultate erbracht [Miller, Rollnick 2005]. In der weltweit größten jemals durchgeführten Psychotherapiestudie [Project MATCH, 1997] wurde die motivational enhancement therapy (MET), beruhend auf den Prinzipien der „motivierenden Gesprächsführung", mit kognitiver Verhaltenstherapie (KVT) und einer auf der Vorgehensweise der Anonymen Alkoholiker beruhenden 12-Stufen-Therapie (12 step facilitation therapy, TSF) verglichen. Alle 3 Verfahren erwiesen sich als hoch wirksam mit einem leichten Vorteil für TSF, wobei TSF und KVT jeweils 12 Sitzungen beanspruchten, die MET jedoch nur 4. Nach den Ergebnissen

dieser Studie lag es nahe, die wesentlichen Elemente der 3 Therapieformen zu einem neuen psychotherapeutischen Verfahren zusammenzuführen. So wurde die „Combined Behavioral Intervention" (CBI) konzipiert und in einer weiteren groß angelegten empirischen Studie [COMBINE Study, Anton et al. 2006] geprüft.

Das vorgelegte Manual zur „alkoholismusspezifischen Psychotherapie" (ASP) stellt eine ins Deutsche übertragene und für deutsche Verhältnisse adaptierte Version von CBI dar. Das Steering Committee der COMBINE Study vergab einem der Autoren (KM) exklusiv die Rechte, CBI in einer eigenen Studie zu verwenden (Project PREDICT, Mann et al. 2006). Die Wirksamkeit von CBI wurde inzwischen empirisch belegt [Anton et al. 2006]. Die Ergebnisse von Project PREDICT werden Anfang 2008 vorliegen. Die Publikation des Manuals soll die deutsche Variante des Verfahrens ab sofort zugänglich machen.

Professor Dr. med. Karl Mann
im Sommer 2006

Abkürzungsverzeichnis

AVE	Abstinence Violation Effect (Abstinenzverletzungseffekt)
CBI	Combine Behavioral Intervention
CRA	Community Reinforcement Approach
MI	Motivational Interviewing (motivierende Gesprächsführung)
NIAAA	National Institute on Alcohol Abuse and Alcoholism
AA	Anonyme Alkoholiker
ASP	Alkoholismusspezifische Psychotherapie
AUA	Ausrutscher
BÄ	Bedenken äußern
C	Konsequenzen (Consequences)
CM	Case-Management
EE	Exploration früherer Erfolge
ES	Exploration der Selbsteinschätzung
EW	Entscheidungswaage
KO	Kommunikationsfertigkeiten
MC	Medikamenten-Compliance
O	Körperliche Empfindungen (organisch)
PA	Probeabstinenz
PBR	Persönliche Befundrückmeldung
PZ	Persönliche Zufriedenheit
R	Reaktion
S	Situation
SFB	Soziale und Freizeitberatung
SK	Soziale Kompetenz
SM	Stimmungsmanagement
SMS	Selbstmotivierende Sprache (Change-talk)
STORC	Verstehen von Emotionen und Stimmungen, (S – Situation; T – Thoughts/Gedanken; O – organische/körperliche Empfindungen; R – Reaktionsmuster; C – Consequence/Konsequenz)
T	Gedanken (Thoughts)
TD	Trinkdruck
UTSD	Umgang mit Trinkangeboten und sozialem Druck
WP	Wichtige Person

Inhaltsverzeichnis

1 Einleitung

In der evidenzbasierten Psychotherapie der Alkoholabhängigkeit werden Interventionen mit ·nachgewiesener Wirksamkeit kombiniert. Das pragmatische Kriterium für den Einschluss spezifischer Elemente ist der empirische Nachweis, dass sie sich bei der Behandlung der Krankheit als hilfreich erwiesen haben. Dies führt zu einer modularen Methode, wonach bestimmte Interventionen (Behandlungsmodule) darauf abzielen, spezifische Aspekte des Problems anzugehen.

1.1 Kombination effektiver Behandlungen

Die alkoholismusspezifische Psychotherapie (ASP) ist Teil der fortlaufenden Suche nach wirksameren Behandlungsoptionen für die Alkoholabhängigkeit. Eine große Anzahl kontrollierter Studien ermöglicht es, wirksame Methoden von weniger wirksamen zu unterscheiden. Reviews der vorliegenden Literatur, obwohl sie in einigen Aspekten unterschiedlicher Meinung sind, kommen zu ähnlichen Schlussfolgerungen in folgenden Punkten:

◢ Selbst kurze Interventionen sind wirksamer als gar keine Behandlung.
◢ Basis der Behandlung von Alkoholproblemen ist die Vermittlung verhaltenstherapeutischer Bewältigungsstrategien.
◢ Die Einbeziehung der Familie steht in Zusammenhang mit positiveren Behandlungsergebnissen.

Die als Project MATCH [Project MATCH Research Group 1997, 1998] bekannte, bisher umfangreichste klinische Studie psychotherapeutischer Methoden konzentrierte sich darauf, spezifische Kriterien zu finden, die zu einer optimalen Zuweisung von Klienten zu Behandlungsmethoden führen sollte. Basis hierfür sollte der Nachweis differenzieller Effektivität solcher Methoden sein. Es ergaben sich überraschend wenige Hinweise, wie die Behandlungseffektivität durch eine Anpassung der Behandlung an die Charakteristika von Klienten gesteigert werden kann. Stattdessen erzielten die 3 miteinander verglichenen Methoden – kognitiv-behaviorales Fertigkeitstraining, 12-Stufenprogramm (der Anonymen Alkoholiker) und Motivationssteigerungsansatz – vergleichbar positive Ergebnisse, und das über den Katamnesezeitraum von bis zu 3 Jahren.

Bei der alkoholismusspezifischen Psychotherapie handelt es sich um eine Adaption der Combine Behavioral Intervention (CBI) [Miller, 2004]. Dieses Verfahren wurde durch die Arbeitsgruppe von Miller ursprünglich als ambulante Kurzzeittherapie (20 Sitzungen über 4 Monate) zur Behandlung von Alkoholabhängigkeit im Project COMBINE [Anton et al.], einer großen, vom National Institute on Alcohol Abuse and Alcoholism (NIAAA) geförderten Multicenter-Studie entwickelt. Die ASP integriert evidenzbasierte, kognitiv-verhaltenstherapeutische sowie klientenzentrierte Behandlungselemente, die bereits im Project MATCH getestet wurden, mit Erkenntnissen und Interventionen aus dem Community Reinforcement Approach (CRA) [Meyers, Smith 1995]. Die Wirksamkeit der ASP wird im Rahmen einer vom BMBF geförderten Multicenter-Studie,

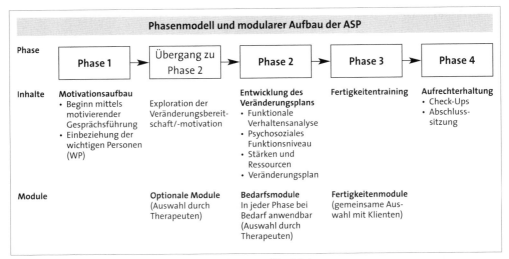

Abb. 1.1: Phasenmodell und modularer Aufbau der ASP – Überblick

Project PREDICT, für den Einsatz im deutschsprachigen Raum untersucht.

Die ASP wurde zusammengestellt, um eine ambulante Behandlungsmethode nach dem neuesten Stand der Wissenschaft zu entwickeln, die sowohl evidenzbasiert als auch flexibel genug ist, um sie in der herkömmlichen klinischen Praxis anwenden zu können.

Die ASP gliedert sich in 4 Phasen (s. Abb. 1.1):
1. Motivationsaufbau
2. Erarbeitung eines individuellen Veränderungsplans
3. Kognitiv-behaviorales Fertigkeitentraining
4. Aufrechterhaltung der erzielten Erfolge

In Phase 1 steht die Exploration und Förderung der intrinsischen Veränderungsmotivation des Klienten mithilfe der motivierenden Gesprächsführung im Mittelpunkt. Phase 1 nimmt in der Regel die ersten beiden Sitzungen in Anspruch. Hat der Klient sich für eine Veränderung entschieden, beginnt Phase 2.

In den Studien Project COMBINE und Project PREDICT war eine strukturierte persönliche Befundrückmeldung (PBR) integraler Bestandteil der Phase 1, da sie sich zur Steigerung der Veränderungsmotivation der Klienten bewährt hat. Sie erwies sich aber als nicht praktikabel für die normale Behandlung bei niedergelassenen Psychotherapeuten. Sie wurde deshalb in diesem Manual ausgeklammert.

Mithilfe einer Verhaltensanalyse werden nun die Funktionalität des Alkoholkonsums exploriert und mögliche Alternativen entwickelt. Im nächsten Schritt untersuchen Klient und Therapeut das psychosoziale Funktionsniveau, um Lebensbereiche zu identifizieren, in denen der Klient eine Veränderung wünscht. Die Erörterungen münden in der Erstellung eines individuell zugeschnittenen Veränderungsplans für den Klienten. Phase 2 beinhaltet außerdem die fortgesetzte Verstärkung der Abstinenzabsicht und die systematische Ermutigung zur Teilnahme an Selbsthilfegruppen.

In Phase 3 werden die Fertigkeiten-Module durchgearbeitet, die zur Erreichung der in Phase 2 vereinbarten Veränderungsziele hilfreich erscheinen. Die Länge jeden Moduls wird entsprechend der Bedürfnisse des Klienten zwischen Therapeut und Klient ausgehandelt. Mehr als 2 Module sollten jedoch nicht gleichzeitig bearbeitet werden.

Mehrere Kriterien beeinflussen die Dauer der Phase, z.B. der Umfang der im Veränderungsplan festgelegten Ziele, die Anzahl der zwischen Klient und Therapeut vereinbarten Sitzungen, etwaige Rückfälle etc. Grundsätzlich sollte der Veränderungsplan nicht als ein starrer Fahrplan, sondern als eine flexible Vereinbarung angesehen werden, der auf Wunsch des Klienten jederzeit geändert werden kann.

1.1.1 Dauer der ASP

Die Anzahl der Sitzungen wird zwischen Klient und Therapeut vereinbart und sollte sich an den im Veränderungsplan festgelegten Zielen orientieren. Wir empfehlen mindestens 12–20 Sitzungen. Bis zum Ende der Phase 2 (Erstellung des Veränderungsplans) sollten die Sitzungen zweimal wöchentlich stattfinden. Danach wird auf einen wöchentlichen bis 14-tägigen Rhythmus reduziert, je nach Vereinbarung zwischen Ihnen und dem Klienten.

Phase 4 dient dann der Aufrechterhaltung der erzielten Erfolge. Über den Zeitraum von 12 Monaten ermöglichen gelegentliche Sitzungen, den Kontakt zum Patienten zu halten und ggf. zusätzliche Trainingseinheiten zur Vertiefung bzw. Verstärkung der Fertigkeiten anzubieten. Etwaige Rückfälle können früh erkannt und angemessene Interventionen zum Einsatz gebracht werden.

1.1.2 Soziale Unterstützung

Die Einbeziehung wichtiger unterstützender Personen (WP), z.B. der Ehefrau oder eines Elternteils, wird in der ASP erwartet, wann immer eine solche Person verfügbar ist und eine gute Beziehung zum Klienten hat. Eine solche Einbeziehung in die Behandlung von Alkoholproblemen hat sich als nachweislich erfolgreich erwiesen. Da Klienten manchmal Widerstand gegen die Teilnahme einer WP zeigen, werden spezielle Verfahren zur Förderung der Teilnahme von wichtigen Personen angewandt. Obwohl die Teilnahme einer WP nicht unbedingt notwendig ist, sollte jede Anstrengung unternommen werden, eine unterstützende WP zu identifizieren und in die Behandlung mit einzubeziehen, es sei denn, die Einbeziehung erwiese sich als für die Behandlung abträglich. Die WP sollte allerdings erst ab Phase 2 an der Behandlung teilnehmen.

1.2 Elemente der ASP

1.2.1 Motivierende Gesprächsführung

Motivationale Aspekte haben sich als stärkster Prädiktor für Kurz- oder Langzeitergebnisse in Bezug auf die Veränderung des Trinkverhaltens erwiesen [Project MATCH 1997].

Mehrere randomisierte Studien zeigten die Bedeutung, die die Empathie des Therapeuten für den Behandlungserfolg bei Klienten mit Alkoholproblemen hat, selbst wenn die Behandlung von einem anderen theoretischen Grundprinzip geleitet wird (z.B. Verhaltenstherapie). Im Gegensatz hierzu wiesen Techniken der direkten Konfrontation schlechtere Behandlungsergebnisse auf. Das Verhalten der Therapeuten (konfrontativ oder motivierend) konnte das Trinkverhalten eines Klienten bis zu einem Jahr vorhersagen. Je mehr der Therapeut konfrontierte, desto mehr trank der Klient [Miller, Taylor, West 1980; Valle 1981].

Die von Miller und Rollnick entwickelte klinische Methode der motivierenden Gesprächsführung, Motivational Interviewing (MI) [Miller, Rollnick 2005], vereint die reflektierende, empathische Methode von Rogers mit einer direktiven Komponente, um die Veränderungsmotivation zu steigern. Besondere Bedeutung hat dieser Ansatz im

Rahmen einer qualifizierten Entzugsbehandlung [Mann, Löber, Croissant, 2006].

1.2.2 Community Reinforcement Approach (CRA)

Etliche Reviews haben den CRA auf die Liste der am meisten befürworteten Ansätze zur Behandlung der Alkoholproblematik gesetzt [Finney, Monohan 1996; Holder et al. 1991; Mattick, Jarvis 1992; Miller et al. 1998]. CRA sieht Alkoholabhängigkeit als ein Problemverhalten, das durch Veränderungen im Umfeld des Klienten modifizierbar ist. Die Betonung liegt dabei nicht auf Einsichten oder Transaktionen, die innerhalb der Therapiesitzung auftreten, sondern auf dem Erlernen eines Lebensstils, der mehr positive Belohnungen bietet als fortgesetzter Alkoholkonsum. CRA bietet eine systematische Vorgehensweise zur Veränderung der Umweltgegebenheiten des Klienten an. Er integriert eine funktionale Verhaltensanalyse, ein behaviorales Fertigkeitstraining, die Einbeziehung von Familien sowie eine Pharmakotherapie in die Behandlung.

1.2.3 Verhaltenstherapie

In einer klassischen Verhaltenstherapie werden Behandlungsmethoden mit einer funktionalen Verhaltensanalyse des Problemverhaltens ausgewählt. Die Verhaltensmuster werden in Zusammenhang mit dem sozialen Umfeld des Klienten, seiner Problemeinsicht und der Funktionalität des Problemverhaltens analysiert. Systematisch wird nach Stimuli gesucht, die dem Problemverhalten – hier Alkoholkonsum – vorausgehen. Weiterhin wird bei der Analyse der Konsequenzen nach Faktoren gesucht, die das Trinken verstärken. Personen, die durch ihre Verhaltensweisen das Trinken des Klienten verstärken,

werden im herkömmlichen Sprachgebrauch oft als co-abhängig bezeichnet.

1.2.4 Teilnahme an Selbsthilfegruppen

Ein weiteres Element der ASP ist die systematische Ermutigung des Klienten zur Teilnahme an einer Selbsthilfegruppe. Forschungsergebnisse haben einen Zusammenhang zwischen der Teilnahme von Klienten an Sitzungen der Anonymen Alkoholiker (AA) und einem positiveren Behandlungsergebnis aufgezeigt, ein Ergebnis, das auch in Project MATCH bestätigt wurde [Emrick et al. 1993; Project MATCH 1997]. Aus diesen Gründen wurde die Ermutigung zur Teilnahme an Selbsthilfegruppen in die ASP aufgenommen.

1.3 Wie unterscheidet sich ASP von früheren kognitiven Verhaltenstherapien?

Der Erwerb von individuellen Bewältigungsstrategien wird in der ASP nicht als der primäre Mechanismus angesehen, durch den eine Verbesserung des Trinkverhaltens eintritt. ASP ist vielmehr eine integrierte Methode: Sie kombiniert verschiedene Elemente, die sich als effektiv bei der Verringerung von Alkoholproblemen erwiesen haben:

◢ Stärkung der Veränderungsmotivation der Klienten
◢ Einbeziehung der Familie in die Behandlung
◢ Veränderung des sozialen Umfelds/Unterstützungssystems des Klienten bzgl. seines Alkoholkonsumverhaltens
◢ individueller Veränderungsplan
◢ kognitiv-verhaltenstherapeutisches Training von Bewältigungsstrategien
◢ Unterstützung einer etwaigen Pharmakotherapie
◢ Beteiligung an Selbsthilfegruppen

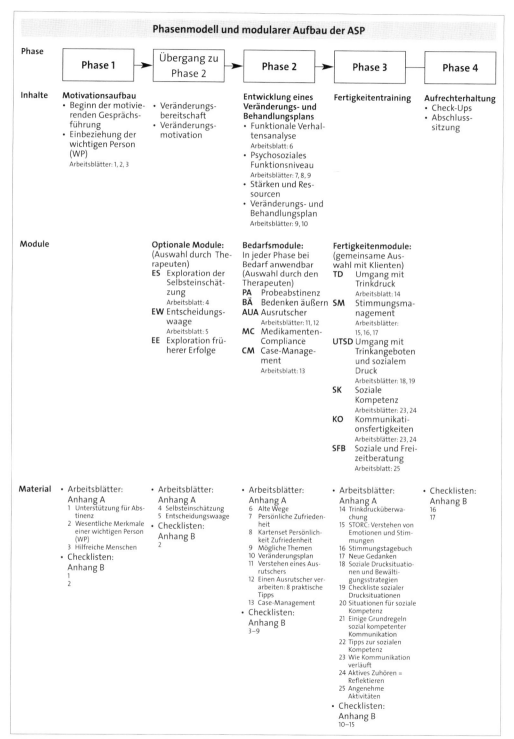

Abb. 1.2: Phasenmodell und modularer Aufbau der ASP – Gesamtüberblick mit allen Arbeitsblättern

2 Phase 1: Motivationsaufbau

Was ist Motivation?

Wir definieren Motivation als die Erhöhung der Wahrscheinlichkeit einer Verhaltensänderung. In Phase 1 (s.a. Abb. 2.1) ist es Ihre Aufgabe, die Wahrscheinlichkeit zu erhöhen, dass Ihr Klient aktive Schritte in Richtung einer Veränderung unternimmt.

Klienten erzielen bessere Erfolge, wenn Sie verschiedene Strategien zur Veränderung ausprobieren, z.B.:

◢ Teilnahme an mehr Therapiesitzungen

◢ Einnahme ihrer Medikamente

◢ Besuch von Selbsthilfegruppen

2.1 Stadien der Veränderung

DiClemente und Prochaska [1998] beschreiben in ihrem transtheoretischen Modell (s. Abb. 2.2), wie Menschen ihr Problemverhalten mit oder ohne Behandlung ändern. Danach durchlaufen Individuen verschiedene Stadien. In jedem Stadium müssen bestimmte Aufgaben erfüllt und Prozesse initiiert werden, um eine Veränderung einzuleiten. Die Autoren beschreiben 5 Stadien:

Das Stadium der **Absichtslosigkeit** beschreibt die Personen, die noch kein Problembewusstsein entwickelt haben. Im Stadium der **Absichtsbildung** entwickeln sie zuerst ein Problembewusstsein und treffen daraufhin die Entscheidung, ihr gegenwärtiges Verhalten zu verändern. Anschließend erreicht die Person das Stadium der **Vorbereitung**, hier werden konkrete Schritte für die Umsetzung der Veränderung geplant. Beginnen Klienten ihr Problemverhalten zu verändern, begeben sie sich in das **Handlungsstadium**, das üblicherweise 3–6 Monate andauert. Das Stadium der **Aufrechterhaltung** beschreibt den Zeitraum nach einer erfolgten Veränderung des Problemverhaltens, in dem die Konsolidierung der Erfolge im Mittelpunkt steht.

Ideal wäre ein Fortschreiten von einem Stadium zum nächsten, bis das Stadium der Aufrechterhaltung erreicht ist. Für die meisten Menschen mit einem ernsten Alkoholproblem schließt dieser Prozess jedoch einige Rückschläge und neue Anläufe zur dauerhaften Aufrechterhaltung ein. Falls das Problemverhalten wieder auftritt, spricht man,

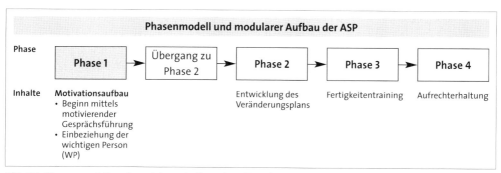

Abb. 2.1: Phasenmodell und modularer Aufbau der ASP – Phase 1

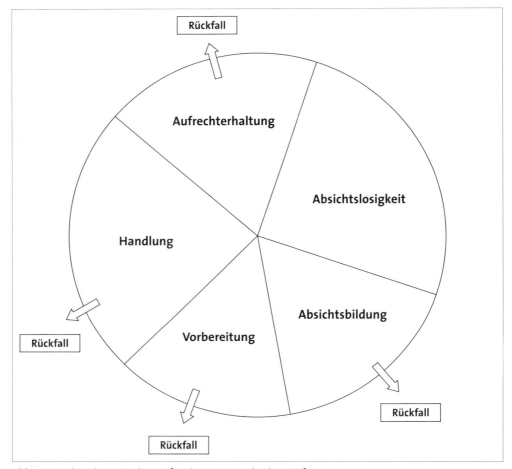

Abb. 2.2: Stadien der Veränderung [DiClemente, Prochaska 1998]

je nach Schwere, von einem Ausrutscher oder Rückfall. Es ist daher üblich, dass Personen den beschriebenen Kreislauf mehrfach durchlaufen, bevor sich eine dauerhafte Veränderung stabilisiert.

Phase 1 der ASP konzentriert sich auf die Entwicklung bzw. Verstärkung der Veränderungsmotivation. In der klinischen Praxis zeigen sich enorme Unterschiede zwischen Klienten bzgl. ihrer Veränderungsbereitschaft. Einige Klienten sind anfangs eher zögernd oder sogar feindselig; für sie ist eine Steigerung der Veränderungsmotivation besonders wichtig. Andere beginnen die Behandlung schon sehr entschlossen und

veränderungsbereit, dennoch sollten auch bei ihnen die nachfolgenden Interventionen durchgeführt werden, um die Ernsthaftigkeit ihrer Motivation zu überprüfen und die Selbstverpflichtung zu festigen. Den Extremfall stellen Personen dar, die sich im Stadium der Absichtslosigkeit befinden, jedoch durch Familienmitglieder, Arbeitgeber oder Behörden zu einer Behandlung gedrängt werden. Die meisten Klienten befinden sich zu Beginn des Behandlungsprozesses in den Stadien der Absichtsbildung oder Vorbereitung. Sie haben vielleicht schon aktive Schritte unternommen, bedürfen aber noch der Festigung ihrer Motivation zur Veränderung.

Phase 1 kann auch als das Umkippen einer motivationalen „Waage" veranschaulicht werden. Eine Waagschale symbolisiert den Status quo (fortgesetzter Konsum), die andere repräsentiert die Veränderung. Gründe, die für den Status quo sprechen, sind wahrgenommene positive Aspekte des Trinkens und negative Konsequenzen einer Abstinenz bzw. Reduktion des Alkoholkonsums. Auf der anderen Seite der Waage spielen wahrgenommene Vorteile einer Verhaltensänderung (Abstinenz) und voraussehbare negative Konsequenzen eines weiterhin unveränderten Trinkverhaltens eine Rolle. Es ist die Aufgabe des Therapeuten, einen Ausschlag der Waage zugunsten einer Veränderung zu ermöglichen und zu unterstützen.

Phase 1 der ASP beinhaltet eine wenig strukturierte, aber dennoch direktive Phase motivierender Gesprächsführung und dient dem Aufbau der therapeutischen Beziehung.

2.2 Motivierende Gesprächsführung

Die motivierende Gesprächsführung nach Miller und Rollnick [1991], auch als Motivational Interviewing (MI) bekannt, ist die klinische Methode, die die verschiedenen Elemente der ASP zu einem integrierten Behandlungsansatz vereint. Sie bildet die zentrale Intervention der Phase 1. Da die motivierende Gesprächsführung eine solch grundlegende Stellung in der ASP einnimmt, sollten Therapeuten, die am Einsatz der ASP interessiert sind, eine ausreichende Kompetenz in der Methode besitzen. Schulungen in diesem Verfahren werden vielerorts angeboten und sollten einem Training und dem Einsatz der ASP vorgeschaltet werden.

Eine ausführliche Beschreibung von MI würde dieses Manual zu umfangreich werden lassen, und wir verweisen auf die einschlägige Literatur. Für ein Verständnis der ASP ist eine Kurzbeschreibung der motivierenden Gesprächsführung jedoch unabdingbar.

MI basiert auf der Annahme, dass die Verantwortung und das Vermögen zur Veränderung beim Klienten liegen. Sie basiert auf dem klientenzentrierten Ansatz von Carl Rogers, ist jedoch direktiver und hat zum Ziel, Ambivalenzen bzgl. eines Problemverhaltens zu klären und so eine Veränderung zu initiieren. Es ist Aufgabe des Therapeuten, Bedingungen zu schaffen, welche die intrinsische Motivation und Selbstverpflichtung des Klienten zu einer Veränderung steigern. Der Therapeut versucht, die inneren Ressourcen des Klienten sowie die Ressourcen unterstützender Beziehungen zu mobilisieren.

Grundprinzipien

Miller und Rollnick [1991] beschreiben 5 Prinzipien als Grundlage motivierender Gesprächsführung:

- Empathie ausdrücken
- Diskrepanzen entwickeln
- Beweisführung vermeiden
- Widerstand aufnehmen
- Selbstwirksamkeit fördern

2.2.1 Empathie ausdrücken

Authentische Empathie, auch aktives Zuhören genannt, vermittelt den Klienten ein Gefühl von Akzeptanz, so angenommen zu sein, wie sie sind. Sie beschränkt sich jedoch nicht auf eine Einstellung des Therapeuten zum Klienten, die als Mitgefühl oder Anteilnahme beschrieben werden könnte, sondern wird durch ganz bestimmte Verhaltensweisen des Therapeuten operationalisiert. Der Therapeut integriert die Funktionen eines unterstützenden Begleiters und eines verständnisvollen Beraters. Die persönliche Entscheidungsfreiheit und die Autonomie des Klienten werden jederzeit respektiert. Es ist immer der Klient, der den Entschluss zur

Veränderung seines Trinkverhaltens fasst und diese auch ausführt. Dabei wird der Therapeut sich eher lobend als kritisierend sowie eher aufbauend als herabsetzend äußern. Die Begleitung zugunsten einer Veränderung sollte einfühlsam, subtil und immer unter der Annahme vorgenommen werden, dass es am Klienten liegt, sich zu verändern.

2.2.2 Diskrepanzen entwickeln

Motivation zur Veränderung liegt dann vor, wenn Menschen eine Diskrepanz zwischen dem Ist- und dem Sollzustand wahrnehmen, d.h. wenn sie sich bewusst werden, wo sie stehen bzw. wohin ihr derzeitiges Verhalten sie im Vergleich zu ihrem idealen Selbstbild und ihren Zielen führen wird. Im Stadium der Absichtslosigkeit ist es oft notwendig, solche Diskrepanzen erst einmal zu entwickeln, um das Bewusstsein des Klienten auf die persönlichen Konsequenzen seines Trinkverhaltens zu richten. Bei anderen Personen (z.B. im Stadium der Absichtsbildung) steht der Prozess der Klärung und Auflösung von Ambivalenz im Vordergrund. Die Ambivalenz aufzulösen bedeutet, die Veränderungsbereitschaft zu erhöhen und gleichzeitig die Tendenz, den Status quo beizubehalten, zu vermindern. Eine adäquat präsentierte Befundrückmeldung kann eine solche kognitive Dissonanz erzeugen oder verstärken. In anderen Fällen kommt der Klient bereits mit einer klaren Entscheidung zur Behandlung, und es bedarf wenig Zeit und Anstrengung, ihn in Richtung Handlungsstadium zu führen. Dennoch sollte daran gedacht werden, dass selbst im Handlungsstadium Klienten immer noch Ambivalenz bezüglich einer Veränderung empfinden können und daher motivierende Gesprächsführung während der gesamten Therapie sinnvoll ist.

2.2.3 Beweisführungen vermeiden

Ambivalenz und Diskrepanz können aber auch zu Widerstand führen. Ein aus Sicht des Klienten ungerechtfertigter Angriff bzgl. seines Trinkverhaltens führt oft zu dem Eindruck, der Therapeut habe ihn nicht richtig verstanden und provoziert Reaktanz. Die motivierende Gesprächsführung vermeidet ausdrücklich Konfrontationen, die reaktantes Verhalten bei den Klienten auslösen. Der Therapeut sollte niemals versuchen, etwas zu beweisen oder durch zwingende Argumente zu überzeugen. Eine direkte Beweisführung ist für die Veränderung der Selbstwahrnehmung relativ ineffektiv. Stattdessen wendet der Therapeut andere Strategien an, um dem Klienten dabei zu helfen, die negativen Konsequenzen des Alkoholkonsums genauer zu erkennen und positiv erlebte Auswirkungen zu entwerten. Wenn motivierende Gesprächsführung korrekt durchgeführt wird, ist es der Klient selbst und nicht der Therapeut, der die Argumente für eine Veränderung liefert.

2.2.4 Widerstand aufnehmen

Von Bedeutung und charakteristisch für MI ist auch, wie der Therapeut mit Widerstand umgeht. Ambivalenz wird als normal und nicht als pathologisch angesehen und wird offen angegangen. Direkte Konfrontation und Argumentation werden vermieden. Oft zeigen Klienten am Anfang einer Behandlung mehr Reaktanz, besonders wenn sie fremdmotiviert sind. Es liegt jedoch weitestgehend in der Hand des Therapeuten, ob der Widerstand während der Behandlung bestehen bleibt, sich erhöht oder verringert. Widerstand beim Klienten ist ein klares Zeichen für den Therapeuten, seine Strategien zu ändern.

2.2.5 Selbstwirksamkeit fördern

Bandura [1982] hat die Selbstwirksamkeit als einen kritischen und entscheidenden Faktor der Verhaltensänderung beschrieben. Die Selbstwirksamkeitserwartung ist demnach die Überzeugung, dass man sich ein bestimmtes Verhalten aneignen und ausführen oder eine spezielle Aufgabe bewältigen kann. Bezüglich des Alkoholkonsums muss der Klient überzeugt sein, dass es möglich ist, sein Trinkverhalten zu ändern und dadurch die damit zusammenhängenden Probleme zu reduzieren. Das lässt sich grob mit Hoffnung oder Zuversicht beschreiben, wobei es sich dabei nicht um eine generell optimistische Grundhaltung handeln muss. Ohne Selbstwirksamkeitserwartung ist es wahrscheinlicher, dass sich eine anhaltende Dissonanz in Abwehrmechanismen äußert (z.B. Rationalisierung, Verleugnung), um Unbehagen zu verringern, anstatt das Verhalten zu ändern. Dies ist ein natürlicher und verständlicher Schutzmechanismus. Wenn jemand wenig Hoffnung hat, dass er Dinge ändern kann, macht es wenig Sinn, sich dem Problem zu stellen.

2.3 Vergleich mit anderen Methoden

Ziel der motivierenden Gesprächsführung ist es, den Klienten zu Aussagen bzgl. der Problemwahrnehmung und der Notwendigkeit einer Verhaltensänderung anzuregen. Es steht im Gegensatz zu konfrontativen Methoden, bei denen der Therapeut versucht, den Klienten von der „Wahrheit" zu überzeugen (z.B. *Sie sind Alkoholiker und müssen aufhören zu trinken*). Nicht die Hilflosigkeit oder Machtlosigkeit gegenüber dem Alkohol werden betont, sondern es soll im Gegenteil die Überzeugung des Klienten gesteigert werden, zu einer Veränderung fähig zu sein (Selbstwirksamkeitserwartung). Streitigkeiten mit dem Klienten werden vermieden.

Konfrontative Interaktionen, in denen der Therapeut Argumente für eine Veränderung vorbringt und der Klient dann dagegen argumentiert, sind nicht im Sinne der ASP.

Motivierende Gesprächsführung baut wesentlich auf der von Carl Rogers beschriebenen klientenzentrierten Grundhaltung (Empathie) auf. In der klassischen Konzeption von Rogers lenkt der Therapeut den Klienten nicht, sondern begleitet ihn, was immer dieser auch thematisiert. Im Gegensatz hierzu ist die motivierende Gesprächsführung direktiv und verwendet Strategien zur Erlangung spezifischer Ziele. Der Therapeut bemüht sich aktiv, Diskrepanzen zu entwickeln und sie in eine Verhaltensänderung zu kanalisieren. Reflexionen und Umformulierungen werden bewusst eingesetzt, um die intrinsische Motivation des Klienten zu stärken. Das Augenmerk des Klienten wird auf Diskrepanzen zwischen dem Problemverhalten und seinen eigenen Interessen, Zielen und Werten gerichtet. Deshalb ist die motivierende Gesprächsführung eine **direktive, klientenzentrierte und veränderungsorientierte Methode.**

2.4 Basisstrategien von Motivational Interviewing

2.4.1 Selbstmotivierende Sprache (SMS, Change-talk)

Direkte Konfrontation ist keine effektive Überzeugungsstrategie, nicht nur weil sie Widerstand hervorruft, sondern auch weil sie Klienten dazu bringt, genau die „falschen" Aussagen zu äußern. Eine aggressive Äußerung, wie *Du bist Alkoholiker und musst aufhören zu trinken*, wird gewöhnlich eine Reihe vorhersehbarer Antworten provozieren, z.B.: *Nein, ich bin keiner und ich werde nicht aufhören*. Leider sind Therapeuten manchmal so ausgebildet, dass sie solche Antworten als weiteren Beweis der Verleugnung der Klienten interpretieren und sie deshalb umso stärker bedrängen. Das wahrscheinliche Ergebnis einer solchen Intervention ist ein verstärkter Widerstand der Klienten, der eine geringe oder keine Verhaltensänderung zur Folge hat.

Die Sozialpsychologie hat umfassend demonstriert, dass wir uns selbst in eine Veränderung hineinreden können. Das heißt, dass Menschen, die auf einer freiwilligen Basis eine einstellungskonträre Meinung vertreten sollen, sich in ihren Einstellungen den zuvor konträren Meinungen annähern. Dieses Phänomen wurde in Rahmen der Theorie der kognitiven Dissonanz beschrieben [Festinger 1957]. Die Selbstwahrnehmungstheorie bietet eine ergänzende Erklärung für das Phänomen, die folgenderweise zusammengefasst werden kann: *Wenn ich mich selbst reden höre, lerne ich, was ich glaube.* Das heißt, die Worte, die aus dem eigenen Munde einer Person kommen, sind für die Person ziemlich überzeugend, mehr noch als die gesprochenen Worte einer anderen Person. Wenn ich es sage und niemand hat mich dazu gezwungen, dann muss ich es wohl glauben!

Diese Sprachmuster werden auch als Change-talk oder selbstmotivierende Sprache (SMS) bezeichnet. MI ist sehr wirksam, SMS bei Klienten hervorzurufen. SMS kann in 4 unterschiedliche Kategorien subsummiert werden:

1. Problembewusstsein ist die Anerkennung potenzieller Risiken oder negativer Konsequenzen des Trinkverhaltens. Dies sollte nicht mit der Akzeptanz eines diagnostischen Labels gleichgesetzt werden. Viele Menschen können die Probleme, die durch ihr Trinken verursacht werden, sehr gut benennen, lehnen es jedoch vehement ab, als Alkoholiker bezeichnet zu werden. Typische Äußerungen von Problembewusstsein können sein:

◢ *Ich trinke wirklich ein bisschen zu viel.*
◢ *Ich habe mir nicht so viele Gedanken darüber gemacht, wie sehr es meinem Körper schadet.*

◢ *Ich glaube schon, dass sich die Situation verschlimmern wird, wenn ich nichts ändere.*
◢ *Ich habe nicht als Warnsignal realisiert, dass ich so viel vertragen kann.*

2. Angesprochene Bedenken: Solche Aussagen haben eine eher affektive Qualität und drücken persönliche Betroffenheit und Besorgnis aus.

◢ *Ich schäme mich dafür, was ich meiner Familie angetan habe.*
◢ *Diese Rückmeldung macht mir schon Angst.*
◢ *Ich will meinen Job nicht verlieren.*
◢ *Was soll ich tun?*

3. Bereitschaft, Wunsch oder Absicht zur Veränderung: Eine 3. Kategorie von SMS reflektiert die Veränderungsbereitschaft direkt.

◢ *Ich muss unbedingt etwas tun. So kann es nicht weitergehen.*
◢ *Ich will vom Alkohol loskommen.*
◢ *Was kann ich tun, wenn ich mein Trinkverhalten ändern möchte?*
◢ *Ich werde mit dem Trinken aufhören.*

4. Optimismus bzgl. Veränderung (Selbstwirksamkeit):

◢ *Ich kann das. Ich werde das schaffen.*
◢ *Ich könnte aufhören, wenn ich wollte.*
◢ *Ich habe schon vorher schwierige Veränderungen geschafft. Ich habe eine Menge durchgemacht.*
◢ *Ich bin mir mit dem Aufhören nicht so sicher, aber ich denke, ich kann zumindest die Menge reduzieren.*

2.4.2 Aktives Zuhören

Wie eine Psychotherapie verläuft, hängt weitgehend davon ab, wie der Therapeut auf die Aussagen eines Klienten **reagiert.** Rogers beschrieb die spezielle Haltung und Technik des aktiven Zuhörens und führte damit eine neue methodische Bedeutung für das Wort Empathie ein. Der Therapeut achtet konzentriert darauf, was der Klient sagt, und reflektiert es dann dem Klienten zurück, häufig leicht verändert oder mit verändertem Fokus. In der Verbalisierung emotionaler Erlebnisinhalte wird hier sowohl der vom Klienten explizit ausgedrückte als auch der implizit mitschwingende Gefühlsgehalt reflektiert.

Die **Reflexion** ist die in der motivierenden Gesprächsführung bevorzugte Reaktion auf Klientenäußerungen. Sie bietet viele Vorteile:

◢ Sie vermittelt Respekt und Anteilnahme und fördert die therapeutische Beziehung.

◢ Sie ermutigt den Klienten, weiterzureden und das Thema zu explorieren.

◢ Sie verhindert bzw. mindert das Auftreten von Widerstand beim Klienten.

◢ Sie vermittelt durch Vergewissern dem Therapeuten genau, was der Klient meint.

◢ Sie kann selektiv zur Verstärkung der vom Klienten ausgedrückten Ideen angewandt werden.

Der zuletzt genannte Aspekt ist für die motivierende Gesprächsführung besonders wichtig. Sie können recht selektiv reflektieren und sich zum Verstärken bestimmter Komponenten der Klientenaussagen entschließen, während Sie andere übergehen. Klienten hören nicht nur ihre eigene SMS, sondern finden sie durch die Reflexion wahrgenommen und verstärkt. Weiterhin ist diese Form der Reaktion dazu angebracht, den Klienten zu ermutigen, die reflektierte Aussage weiter auszubauen.

Es ist keinesfalls die einzige Strategie der motivierenden Gesprächsführung, aber es ist eine wichtige und sollte einen substanziellen Anteil der Reaktionen eines Therapeuten ausmachen. Geschicktes Reflektieren ist allerdings schwieriger, als es auf den 1. Blick scheint. Nur so dahingesagte oder schlecht übermittelte Reflexionen sind sogar kontraproduktiv. Echtes aktives Zuhören bedarf des fortgesetzten, wachsamen Wahrnehmens der verbalen und nonverbalen Reaktionen des Klienten und ihrer möglichen Bedeutungen. Die Formulierung einer Reflexion sollte in angemessener Komplexität und fortlaufender Anpassung Ihrer Arbeitshypothesen erfolgen. Optimales aktives Zuhören verzichtet zugunsten der fortlaufenden Selbstexploration des Klienten auf Ratschläge, einfache Zustimmungen, Ablehnungen von Aussagen, Vorschläge, Belehrungen, Warnungen und Fragen.

Verwenden Sie die Strategie des aktiven Zuhörens während der gesamten Behandlung. Aktives Zuhören schließt keine anderen Reaktionen aus, aber es sollte Ihre vorrangige Methode des Reagierens auf Klientenaussagen sein. Beachten Sie aber auch, dass selektives Reflektieren gelegentlich fehlschlagen kann. Für einen ambivalenten Klienten kann die einseitige Reflexion des Dilemmas *(Also, Sie verstehen, dass das Trinken Ihnen einige Probleme bereitet.)* den jeweils anderen Aspekt der Ambivalenz in den Vordergrund heben *(Nun, ich glaube nicht, dass ich wirklich ein Problem habe.)* – gerade das Gegenteil von dem, was erreicht werden sollte. Sofern der Fall auftritt, versuchen Sie, beide Seiten der Ambivalenz zu reflektieren, indem die Seiten gespiegelt werden. Die Sätze sollten in der Mitte eher mit *und* als mit *aber* verbunden werden, um die gleichzeitige Erfahrung beider Seiten der Ambivalenz zu verstärken:

◢ *Sie glauben nicht, dass Alkohol Ihnen jetzt schadet, und gleichzeitig machen Sie sich Sorgen, dass es Ihnen später außer Kontrolle gerät.*

◢ *Sie genießen das Trinken wirklich, hassen es, es aufzugeben, und Sie können auch erkennen, dass es ernste Schwierigkeiten für Ihre Familie und Ihren Job mit sich bringt.*

2.4.3 Offene Fragen

Die meisten Therapeuten stellen viel zu viele Fragen. Es ist recht einfach, mit Klienten in ein Frage-Antwort-Spiel zu verfallen, speziell in den ersten Sitzungen. Fragen führen den Klienten zu Themen, die wichtig sind, beinhalten jedoch die Gefahr, den Prozess der Selbstexploration zu behindern. Sie können für den Klienten ein Hindernis darstellen, sich selbst kennen zu lernen. Das Stellen einer Reihe von Fragen mit kurzen Antworten (geschlossene Fragen) führt zu einer asymmetrischen Machtverteilung zwischen einem ausgebildeten Experten und einem passiven Antwortenden. Es gibt Situationen, in denen dies angebracht sein kann (z.B. Beratung durch den Hausarzt über eine akute Krankheit). Phase 1 der ASP ist jedoch keine solche Situation.

In der motivierenden Gesprächsführung werden Fragen selektiv mit dem Bewusstsein verwendet, dass sie direktiv sind. Eine allgemeine Richtlinie lautet: **Stelle niemals 3 Fragen hintereinander.** Stellen Sie stattdessen eine Frage, hören Sie auf die Antwort des Klienten und antworten Sie mit einer empathischen Reflexion. Andererseits ist das Stellen von Fragen eine wichtige Komponente der motivierenden Gesprächsführung beim Auslösen von SMS. Anstelle den Klienten zu sagen, was sie fühlen, denken oder tun sollen, fragen Sie sie nach deren eigenen Ideen, Bedenken oder Plänen. Gehen Sie auf die dargebotenen Informationen ein, indem Sie empathisch reflektieren, bestätigen oder den Fokus verschieben (Reframing).

Der übliche Fragestil der motivierenden Gesprächsführung verwendet offene Fragen, die kein Ja, Nein oder kurze Antworten zur Folge haben. Offene Fragen laden Klienten ein, über ihre Situation nachzudenken. Auf die Art können Sie Klienten dazu bringen, in neuen Dimensionen zu denken. Der Schlüssel liegt jedoch nicht in den Fragen, sondern in den Antworten des Klienten. Deshalb ist es so wichtig, einer offenen Frage nicht eine weitere Frage folgen zu lassen, sondern mit aktivem Zuhören (Reflektieren) zu reagieren. Fragen zu stellen ist kein Ersatz für gutes Reflektieren, obwohl Ersteres viel einfacher

ist. Motivierende Gesprächsführung ist bemüht, beim Klienten intrinsische Motivation hervorzurufen und zu verstärken. Das kann erfahrungsgemäß nicht durch ständiges Fragen erzielt werden. Stellen Sie eine offene Frage und reflektieren Sie dann.

2.4.4 Bestätigung des Klienten

Diese Strategie beinhaltet die Suche nach Gelegenheiten, den Klienten zu bestätigen, ihn zu loben und ihn ernsthaft zu bestärken. Solche Bestätigungen können in vielerlei Hinsicht Gewinn bringend sein:

- Stärkung der therapeutischen Beziehung
- Verstärkung von Kompetenzen und der Übernahme von Selbstverantwortung durch den Klienten
- Verstärkung von SMS und des Einsatzes des Klienten
- Unterstützung des Selbstwertgefühls des Klienten

2.4.5 Umgang mit Widerstand

Was ist Widerstand? Wir verstehen Widerstand als unkooperatives Verhalten des Klienten (z.B. Streiten, Unterbrechen, Argumentieren und Verleugnen eines Problems). Es steht mit schlechteren Behandlungsergebnissen in Verbindung.

Es ist wichtig, sich bewusst zu machen, dass das Ausmaß von Patientenwiderstand stark von der Haltung des Therapeuten abhängt. Miller, Benefield und Tonigan [1993] untersuchten Patienten mit Alkoholproblemen, die von jeweils denselben Therapeuten, aber mit verschiedenen Therapiestilen behandelt wurden. Die Gruppe mit der konfrontativ-direktiven Therapie zeigte doppelt so viel Widerstand und machte nur halb so viel positive SMS im Vergleich zu den Klienten, die motivational-reflexiv behandelt wurden. Zusätzlich war der Widerstand der Klienten ein Prädiktor für geringere langfristige Verhaltensänderung. In einer ähnlichen Studie wechselten Familientherapeuten zwischen den beiden Methoden innerhalb der gleichen Therapiesitzung [Patterson, Forgatch 1985]. Das Verhalten der Klienten veränderte sich deutlich, je nach Reaktion des Therapeuten. Wie beim Schachspiel oder beim Kampfsport ist Abwehr die zu erwartende Reaktion auf einen Angriff. Hier zeigt sich, wie stark Therapeuten die Abwehrmechanismen der Klienten beeinflussen, wodurch sich wiederum auch das Ausmaß der zu erwartenden Verhaltensänderung der Klienten ändert.

Das steht im Gegensatz zu der verbreiteten Ansicht, dass Widerstand aus einer unvorteilhaften Persönlichkeitsstruktur resultiert, die Teil des Störungsbildes Alkoholabhängigkeit ist. Historisch gesehen wurde Verleugnung als ein typischer Charakterzug Alkoholkranker angesehen. Trotz umfassender Forschung konnte nur eine geringe oder keine Bestätigung für solche Persönlichkeitsstrukturen bei Menschen mit Alkoholmissbrauch bzw. -abhängigkeit entdeckt werden. Zusammenfassend bedeutet dies, dass Menschen mit Alkoholproblemen im Allgemeinen keinen abnormal hohen Grad an Verleugnung oder Widerstand aufweisen. Ein solches Verhalten wäre dann eher das Resultat der Interaktionen, die in der Therapiesitzung stattfinden.

Ein wichtiges Ziel ist deshalb die Vermeidung oder Verminderung von Widerstand. Im Grunde ist Widerstand ein Kompetenzproblem des Therapeuten. Wie man mit Widerstand umgeht, ist einer der charakterisierenden Aspekte der motivierenden Gesprächsführung.

Eine 1. Regel besagt, niemals auf Argumente gegen eine Veränderung direkt zu reagieren. Bestimmte Reaktionen verschlimmern defensives Verhalten, drängen den Klienten in die Ecke und lösen weitere Argumente gegen eine Veränderung aus. Hier einige solcher Reaktionen des Therapeuten:

◢ streiten, anderer Meinung sein, provozieren
◢ verurteilen, kritisieren, Schuld zuweisen
◢ vor negativen Konsequenzen warnen
◢ versuchen, durch Logik oder Beweise zu überzeugen,
◢ „Gründe" des defensiven Verhaltens interpretieren oder analysieren
◢ konfrontieren mit Autorität
◢ sarkastisch oder ungläubig reagieren

Direkte Fragen, beispielsweise warum der Klient sich wehrt *(Warum glauben Sie denn, Sie haben kein Problem?)*, rufen nur weiteren Widerstand des Klienten hervor und bringen Sie in eine Position, in der Sie um Veränderung streiten. Wenn Sie jedoch in die Situation kommen, mit dem Klienten um die Anerkennung eines Problems und die Notwendigkeit einer Veränderung zu streiten, ist es höchste Zeit, Ihre Vorgehensweise zu ändern.

2.4.6 Verschiedene Reflexionen

Denken Sie daran, dass Sie den Klienten dazu bringen möchten, SMS zu äußern. Wenn Sie es sind, der für die Notwendigkeit einer Veränderung argumentiert, kann es beim Klienten das Gegenteil auslösen. Im Folgenden einige allgemeine MI-Strategien zur Minimierung von Widerstand:

Einfache Reflexion: Einfach spiegeln, was der Klient anbietet. Das führt zur Entschärfung und Zerstreuung des Widerstands. Das Gesamtbild wird dadurch ausgeglichener.

Überzogene Reflexion: Hier wird das vom Klienten Gesagte in einer erweiterten und pointierten Form reflektiert. Das hat zur Folge, dass er ein wenig Distanz zu sich gewinnt und die andere Seite seiner Ambivalenz stärker wahrnimmt. Das ist natürlich eine Gratwanderung, da zu viel Übertreibung Widerstand auslösen bzw. verstärken kann. Im Tonfall des Therapeuten sollte keine Spur von Sarkasmus oder Ironie zu erkennen sein.

Klient: *Aber ich bin kein Alkoholiker oder so was.*

Therapeut: *Sie möchten nicht als so einer bezeichnet werden.*

Klient: *Nein. Ich glaube nicht, dass ich ein Problem mit dem Trinken habe.*

Therapeut: *Also, soweit Sie das beurteilen können, gab es niemals irgendwelche Probleme wegen Ihres Trinkens.*

Klient: *Nun, das würde ich nicht sagen.*

Therapeut: *Was Sie auf keinen Fall mögen, ist der Gedanke, dass man Sie als Alkoholiker abstempelt, und Sie denken, dass Ihr Trinken manchmal schon Probleme ausgelöst hat.*

Reflexion der Ambivalenz: Die letzte Aussage des Therapeuten im o.g. Beispiel ist eine Reflexion von Ambivalenz. Macht der Klient eine entsprechende Aussage, reflektieren Sie diese zusammen mit einer Aussage, die für die andere Seite steht (basierend auf vorheriger SMS in der Sitzung). Sie können als Einerseits-andererseits-Statements formuliert werden.

Klient: *Aber ich kann nicht aufhören zu trinken, ich meine, alle meine Freunde trinken!*

Therapeut: *Sie können sich nicht vorstellen, mit Ihren Freunden Zeit zu verbringen, ohne zu trinken, und gleichzeitig machen Sie sich Sorgen darüber, was der Alkohol Ihnen antut.*

Den Fokus verschieben: Hier wird die Aufmerksamkeit von einem schwierigen Thema oder einem problematischen Punkt weg gelenkt.

Klient: *Aber ich kann nicht aufhören zu trinken, ich meine, alle meine Freunde trinken!*

Therapeut: *Alle Ihre Freunde zu verlieren wäre schon heftig. Aber so weit sind wir noch gar nicht. Später können wir darüber nachdenken, ob und was Sie bzgl. ihrer Freunde ändern möchten und wie Sie es schaffen könnten. Lassen Sie uns einfach mal schauen, was Ihnen sonst noch Spaß gemacht hat, ohne dass Alkohol dabei war.*

Zustimmung mit einer Wendung: Die Aussage des Klienten wird aufgenommen,

anstatt ihm zu widersprechen. Das bringt den Klienten oftmals zu einer ausgeglicheneren oder gegenteiligen Perspektive zurück.

Klient: *Aber ich kann nicht aufhören zu trinken, ich meine, alle meine Freunde trinken!*

Therapeut: *Ganz klar sind Ihre Freunde Ihnen wichtig! Vielleicht stellen Sie ja am Ende auch fest, dass es sich lohnt, so weiter zu trinken wie bisher. Es ist vielleicht zu schwer für Sie, sich zu ändern.*

Betonung der persönlichen Entscheidungsfreiheit: Es kann auch wirksam sein zu betonen, dass letztendlich der Klient selbst entscheidet, ob er sich ändert oder nicht. Selbst wenn fortgesetzter Alkoholkonsum deutlich negative Konsequenzen nach sich ziehen kann (z.B. bei einem Klienten, für den Abstinenz eine Bedingung seiner Arbeitsstelle darstellt), ändert sich nichts an dieser Tatsache. Die offene Anerkennung, dass die Entscheidung und Wahlfreiheit in den Händen des Klienten liegen, kann Abwehrmechanismen entkräften. Dadurch wird das persönliche Kontrollbedürfnis des Patienten verringert.

Klient: *Aber ich kann nicht aufhören zu trinken, ich meine, alle meine Freunde trinken!*

Therapeut: *Ganz klar sind Ihre Freunde Ihnen wichtig! Wir können mal schauen, ob es da vielleicht Alternativen gibt. Aber am Ende liegt die Entscheidung natürlich ganz allein bei Ihnen.*

2.4.7 Umformulieren und anders beleuchten (Reframing)

Reframing ist eine Strategie, bei der es der Therapeut dem Klienten ermöglicht, seine Wahrnehmung aus einem anderen Blickwinkel zu betrachten. Dem Gesagten wird eine neue Bedeutung beigemessen. Wenn der Klient eine Rückmeldung erhält, die sein Alkoholproblem bestätigt, kann die Reaktion seiner Ehefrau *ich wusste es* von der Bedeutung *ich habe Recht, ich habe es dir gesagt* in die Bedeutung *ich mache mir Sorgen um dich* und möchte, dass es dir besser geht umformuliert werden – ein Beispiel dafür, wie eine negative Interpretation in eine positivere umgeformt werden kann.

Das Phänomen der Alkoholtoleranz gibt ein exzellentes Beispiel für Reframing. Klienten werden oftmals zugeben und sogar damit prahlen, dass sie in der Lage sind, *sich voll laufen zu lassen*, also mehr trinken zu können als andere, ohne angetrunken zu wirken oder sich so zu fühlen. Das kann als Risikofaktor neu beleuchtet werden – als Mangel im Warnsystem, das normalerweise anspringt, wenn man in Gefahr ist, zu viel zu trinken. Eine hohe Alkoholtoleranz kann zum Alkoholkonsum einer Person in so großen Mengen führen, dass der Körper bzw. die Gesundheit geschädigt wird. Da sich der Betroffene aber nicht betrunken fühlt, wird er es nicht registrieren. Hier wird die ursprünglich positive Botschaft *(Ich kann Alkohol gut vertragen.)* zu einer negativen *(Mir fehlt ein Warnsystem, ich bin besonders gefährdet.)*.

Reframing kann auch dazu verwendet werden, den Klienten sowie auch die wichtige Person zu ermutigen, sich mit dem Trinkverhalten auseinander zu setzen. Dadurch, dass ein gegenwärtiges Problem in einen optimistischen Rahmen gestellt wird, können Sie vermitteln, dass es lösbar und veränderbar ist. Verwenden Sie, wenn möglich, Ansichten, Wörter und Wahrnehmungen des Klienten zur Entwicklung einer Umformulierung.

Im Folgenden ein Beispiel:

Klient: *Wenn ich nach dem Nachhausekommen kein Bier trinke, weiß ich nicht, was ich vielleicht zu meiner Frau oder den Kindern sage. Es ist halt meine Art, Dampf abzulassen.*

Therapeut: *Sie haben sich sehr bemüht, Ihre Familie nicht mit dem Arbeitsstress zu belasten und haben ihnen Ihre Gefühle nicht mitgeteilt. Nun tragen Sie all das mit sich herum, und vielleicht hilft Ihnen der Alkohol, es für eine Weile zu vergessen.* (Diese wohlmeinende Interpretation ebnet den Weg für eine verbesserte Kommunikation.)

Ehefrau (zum Therapeuten): *Es macht mich ganz nervös zu fragen, was ihn bedrückt, deshalb frage ich erst gar nicht. Aber so, wie es jetzt ist, bin ich auch nicht sehr glücklich.*

Therapeut: *Für mich hört sich das so an, als ob das Trinken für Sie ein Ausweg gewesen ist, Konflikte oder Spannungen in der Familie zu vermeiden. Ihr Trinken hält irgendwie den Deckel drauf, und auf diese Weise war es wohl ein Weg, wie Sie Ihre Familie nicht belasten. Dennoch scheinen Sie beide damit nicht glücklich zu sein, und es scheint nicht mehr das zu bewirken, was Sie beide wollen.* (Hier ist impliziert, dass die Familie für den Klient von Bedeutung ist und dass er versucht, sie zu schützen, gleichzeitig aber effektivere Wege gefunden werden müssen, um dies zu erreichen.)

Die grundlegende Idee hinter einer Umformulierung ist, das Verhalten in ein neues Licht zu rücken, um dem Klienten zu ermöglichen, in Aktion zu treten und sein Verhalten zu ändern. Denken Sie daran, dass die Umformulierung ein Angebot darstellt, das Geschehene aus einer neuen Perspektive zu betrachten. Wenn sie zu stark ist, kann sie als autoritäre Interpretation verstanden werden. Das wiederum kann die Kommunikation blockieren und den Widerstand erhöhen.

Es kann besonders wirkungsvoll sein, eine Reflexion mit einer Umformulierung zu kombinieren, eine so genannte Zustimmung mit einer Wendung. Die Reflexion einer ablehnenden Aussage vermittelt dem Klienten zunächst eine Annahme seiner Behauptung, die danach jedoch durch die Umformulierung in ihrer Bedeutung umgekehrt wird. Das erzielt man oftmals durch eine beiläufige Bemerkung ohne großen Nachdruck.

Klient: *Aber ich habe wirklich Spaß am Trinken, und niemand bringt mich dazu aufzuhören.*

Therapeut: *Alkohol ist für Sie sehr wichtig* (Reflexion), *vielleicht so wichtig, dass Sie dabei bleiben werden, egal was es kostet* (Umformulierung). *Was mögen Sie denn am meisten am Alkohol?* (offene Frage)

2.4.8 Zusammenfassen

Es ist sinnvoll, während einer Sitzung Zusammenfassungen anzubieten, insbesondere am Ende der Sitzung. Eine zusammenfassende Reflexion verdeutlicht, was der Klient gesagt hat. Dabei ist es besonders angebracht, die SMS des Klienten zu wiederholen und zusammenzufassen. Äußerungen, die gegen eine Veränderung sprechen, können ebenfalls mit aufgegriffen werden, um eine negative Reaktion des Klienten zu vermeiden. Das Hauptaugenmerk liegt jedoch auf der SMS, um sie zu verstärken. Eine Zusammenfassung ermöglicht dem Klienten, seine eigene SMS noch ein drittes Mal – nach der ersten Aussage und Ihrer Reflexion – zu hören.

Im Verlauf der Sitzung können kürzere Zusammenfassungen angeboten werden. Eine Was-noch?-Frage nach einer überleitenden Zusammenfassung kann den Prozess in Gang halten:

So weit haben Sie mir gesagt, dass Sie sich Sorgen machen, Ihre Gesundheit durch das Trinken zu sehr zu schädigen, und dass Sie manchmal wegen Ihres Trinkens kein so guter Vater für Ihre Kinder sind, wie Sie gerne sein möchten. Was macht Ihnen denn noch Sorgen?

Die vorab erläuterten klinischen Methoden werden während der gesamten ASP praktiziert und bilden den Kern der Phase 1.

3 Durchführung der Phase 1

3.1 Ablauf der Sitzungen

3.1.1 Atemalkoholtest

Im Idealfall sollte vor jeder ASP-Sitzung ein Atemalkoholtest durchgeführt werden. Der Atemalkohol eines Klienten sollte unter 0,5 Promille liegen, um mit der Sitzung fortzufahren, ansonsten sollte ein neuer Termin vereinbart werden. Beachten Sie die gesetzlichen Vorschriften bzgl. Haftung, wenn Sie einen Klienten mit erhöhtem Atemalkohol aus Ihrer Praxis entlassen (z.B. Abhalten des Patienten, alkoholisiert Auto oder Fahrrad zu fahren). Dokumentieren Sie, was geschehen ist und was Sie dem Klienten geraten haben.

3.1.2 Aufbau der therapeutischen Beziehung mit Motivational Interviewing

Beginnen Sie die 1. Sitzung mit einer Begrüßung Ihres Klienten. Stellen Sie sich vor und erklären Sie dann kurz, was in der 1. Sitzung geschehen wird. Im Folgenden ein Beispiel, wie eine solche strukturierende Aussage lauten könnte:

Unsere Sitzungen werden etwa 45–50 Minuten dauern. Heute werden wir uns die Zeit nehmen, um einen Einblick zu gewinnen, wie Sie Ihre Situation einschätzen und speziell was im Hinblick auf Ihren Alkoholkonsum geschehen ist. Ich werde Ihnen ein paar Fragen stellen, aber meistens werde ich einfach zuhören, wie Sie die Sache sehen. Etwas später werde ich Ihnen erläutern, was ich Ihnen für die restliche Behandlung anbieten kann.

Die motivierende Gesprächsführung beginnt recht einfach mit einer offenen Frage, gefolgt von aktivem Zuhören:

◢ *Können Sie mir etwas davon erzählen, was Sie in letzter Zeit über Ihren Alkoholkonsum gedacht haben? Vielleicht darüber, was im Vergleich dazu andere darüber sagen?*

◢ *Es gibt offensichtlich einige Dinge, die Ihnen am Trinken Spaß machen, oder Situationen, in denen Trinken wichtig für Sie war. Was ich Sie aber dennoch direkt fragen möchte, ist, was das Trinken Sie gekostet hat, welchen Preis Sie dafür – nicht nur in Geld, sondern überhaupt in Ihrem Leben – bezahlen müssen?*

Wenn der Prozess erst einmal im Gang ist, führen Sie ihn durch aktives Zuhören fort und stellen Fragen nach konkreten Beispielen. Wenn das Gespräch sich festfährt, können Sie allgemeine Fragen zu verschiedenen Aspekten stellen, z.B. zu folgenden:

Toleranz: Scheint der Klient mehr trinken zu können als andere, ohne eine vergleichbar starke Wirkung zu zeigen?

Erinnerung: Gab es Perioden, in denen der Klient während des Trinkens nicht mehr wusste, was geschah, oder andere Probleme mit seiner Gedächtnisleistung hatte?

Beziehung: Hat das Trinkverhalten die Beziehung mit dem Ehepartner, der Familie oder mit Freunden beeinträchtigt? Wer hat sich noch Gedanken über das Trinken des Klienten gemacht und was waren deren Bedenken?

Gesundheit: Ist sich der Klient der Bereiche bewusst, in denen der Alkohol seine Gesundheit geschädigt hat?

Gesetzeskonflikt: Wurde der Klient jemals festgenommen, oder kam er mit dem Gesetz wegen seines Trinkverhaltens in Konflikt?

Finanzielles: Hat das Trinken zu Geldproblemen beigetragen?

Denken Sie daran, wenige Fragen zu stellen, und konzentrieren Sie sich eher auf aktives Zuhören. Erinnern Sie sich daran, dass es Ihr Ziel ist, selbstmotivierende Sprache (SMS) hervorzurufen, die dann durch Reflexion verstärkt und in Zusammenfassungen konzentriert angeboten werden kann. Falls Widerstand auftreten sollte, wenden Sie die in Kapitel 2 aufgeführten Strategien an, um ihn zu zerstreuen. Beenden Sie die 1. Sitzung mit einer Zusammenfassung des Geschehenen einschließlich der geäußerten SMS.

3.1.3 Abstand der Sitzungen

Legen Sie den Termin für die nächste Sitzung fest, der einige Tage nach der 1. Sitzung sein sollte. Bis zur Erstellung des Behandlungsplans (im Allgemeinen Sitzungen 1–5) wird empfohlen, dass Sitzungen mindestens zweimal wöchentlich abgehalten werden. Danach werden die Sitzungen gewöhnlich auf einen wöchentlichen Rhythmus reduziert.

3.1.4 Therapeuten-Checklisten

Die Therapeuten-Checklisten (s. Anhang B) helfen Ihnen, sich wichtiger Punkte des ASP-Verfahrens zu erinnern und zu dokumentieren, inwiefern Sie diese umgesetzt haben. Die Checklisten beziehen sich auf einzelne Behandlungselemente der ASP und können auch über mehrere Sitzungen hinweg benutzt werden, bis das jeweilige Element abgeschlossen ist.

3.1.5 Abschluss von Sitzungen

Die ASP hat ein Standardvorgehen zum Abschluss von Sitzungen: Signalisieren Sie etwa 5–10 min vor Ablauf der geplanten Zeit, dass die Sitzung langsam dem Ende zugeht, und geben Sie eine zusammenfassende Reflexion und Hinweise, was der Inhalt der nächsten Sitzung sein wird. Geben Sie dem Klienten auch die Möglichkeit, Unklarheiten zu besprechen oder etwas hinzuzufügen. Hier ein Beispiel:

Da wir jetzt gleich zum Ende unserer heutigen Sitzung kommen, möchte ich noch einmal durchgehen, was wir heute besprochen haben und wo wir dann weitermachen wollen. Heute haben wir viel darüber gesprochen, warum Sie mit dem Trinken aufhören wollen und auch über Ihre Bedenken, es zu schaffen. Ich schätze dabei besonders, wie ehrlich Sie zu mir und sich selbst waren. Sie haben das Trinken bis vor einigen Jahren wirklich genossen, und es hat sich zu einem wichtigen Teil Ihres sozialen Lebens entwickelt. Trotzdem können Sie erkennen, dass es auf die eine oder andere Art Ihr Leben negativ beeinflusst hat, mit der Folge einer Beeinträchtigung Ihrer Gesundheit und Ihrer Beziehung. Sie haben dann schon morgens mit dem Trinken angefangen, obwohl Sie sich selbst versprochen hatten, es niemals zu tun. Habe ich etwas Wichtiges vergessen? …

Ich würde mich freuen, Sie bald wiederzusehen, weil es mir so scheint, dass Sie es wirklich ernst meinen, weitere Schritte zu unternehmen. Beim nächsten Mal werden wir uns dann anschauen, was Sie wegen Ihres Trinkens unternehmen wollen. Es gibt einige Dinge, die wir zusammen ausarbeiten können, um herauszufinden, was bei Ihnen am besten funktionieren könnte, und ich möchte gerne Ihre eigenen Ideen dazu hören. Wie hört sich das an? … Gibt es noch etwas, was Sie mir sagen oder mich vor dem nächsten Mal fragen möchten?

Der Inhalt der abschließenden Zusammenfassung kann natürlich variieren, je nach dem, was während der Sitzung thematisiert wurde. Wichtig dabei ist, Folgendes in Ihre Zusammenfassung einzubeziehen:

◢ was während der Sitzung diskutiert wurde

◢ SMS, die während dieser (oder vorheriger) Sitzung geäußert wurde

◢ ehrliche Bestätigung der Anstrengungen, Stärken und Intentionen etc. des Klienten

◢ alle Aufgaben, die der Klient bis zur nächsten Sitzung erledigen muss

◢ Ausblick auf das für die nächste Sitzung Geplante

◢ Terminabsprache der nächsten Sitzung

3.1.6 Einleitung von nachfolgenden Sitzungen

Parallel zum standardisierten Abschluss von Sitzungen gibt es auch eine standardisierte Vorgehensweise für den Beginn der nachfolgenden Sitzungen.

Strukturierende Aussage: Beginnen Sie jede nachfolgende Sitzung mit einer kurzen, strukturierenden Aussage. Sie dient der Aktualisierung dessen, was bisher erarbeitet wurde, und zur Erklärung, was in der heutigen Sitzung geplant ist: *Letztes Mal haben wir …* oder *Bislang haben wir …* (einschließlich der Hausaufgaben, die zwischen den Sitzungen zu erledigen waren) und dann: *Heute werden wir …* Die strukturierende Aussage ist auch sehr hilfreich, Klienten, die abschweifen, wieder zum Thema der Sitzung zurückzuführen.

Statuscheck: Bevor Sie aber in die angekündigte Thematik einsteigen, sollten Sie in jeder Sitzung kurz nachfragen, wie es dem Klienten seit der letzten Sitzung ergangen ist: *Aber bevor wir damit beginnen, möchte ich gerne wissen, wie es Ihnen seit der letzten Sitzung ergangen ist.* Der Statuscheck dient auch zur Verstärkung der therapeutischen Beziehung und sollte der MI-Methode folgen. Vermeiden Sie, ungeduldig oder gehetzt zu erscheinen. Außer in Krisensituationen sollten Sie den Statuscheck jedoch relativ kurz halten (< 10 min).

3.2 Einbeziehung einer unterstützenden wichtigen Person (WP)

Überblick

Ein bedeutendes Element der ASP ist die aktive Einbeziehung einer unterstützenden wichtigen Person (WP) in die Behandlung. Das Umfeld des Alkoholabhängigen sollte so umstrukturiert werden, dass es mehr positive Verstärker für Abstinenz und weniger Verstärker für Alkoholkonsum enthält. Da sich Klient und Therapeut im Rahmen einer normalen Psychotherapie meist nur einmal in der Woche zu einer Sitzung treffen, ist die Verstärkerfunktion recht eingeschränkt. Hier kann eine Person, mit der der Klient Zeit verbringt, die ihm wichtig ist, die ihn in seinen (Abstinenz-)Zielen unterstützt und die selbst abstinent ist, wesentlich zum Erfolg beitragen. Die WP wird zu den Sitzungen eingeladen und kann dort mehr über die Alkoholprobleme des Klienten erfahren, ihr konstruktives Feedback zum Behandlungsplan einbringen und eine fortlaufende Unterstützung bis zur Erreichung der Abstinenz und anderer Ziele anbieten. Damit kann sie dem Klienten von großer Hilfe sein.

Die WP wird erst zu Sitzungen eingeladen, wenn Phase 1 abgeschlossen ist, damit der Therapeut Gelegenheit hat, eine therapeutische Beziehung aufzubauen und ein Verständnis für die derzeitigen Lebensumstände des Klienten zu entwickeln. Die Möglichkeit der Einbeziehung einer WP wird in der 1. und 2. Sitzung bearbeitet, aber die eigentliche Teilnahme erfolgt erst ab der 4. Sitzung oder später. Der WP-Auswahlprozess sollte so früh wie möglich abgeschlossen sein, falls der Klient nichts dagegen hat. **In der ASP wird die WP-Teilnahme stark empfohlen, der Klient sollte jedoch nicht dazu gedrängt werden.** Dem Klienten muss die Gelegenheit gegeben werden, eine zugrunde liegende Ambivalenz und Unsicherheit bzgl. der Teilnahme einer WP zu hinterfragen, bevor eine Entscheidung getroffen wird. Der Widerstand des Klienten kann minimiert werden, indem Sie respektvoll und akzeptierend auf seine Äußerungen reagieren. Denken Sie daran, auch hier die Prinzipien der motivierenden Gesprächsführung anzuwenden.

3.2.1 Vorstellung des Konzeptes

Im Verlauf der 1. Sitzung sollen Sie dem Klienten die Bedeutung einer unterstützenden wichtigen Person (WP) für den Erfolg der Behandlung nahe bringen. Beginnen Sie damit, nach sozialer Unterstützung im Allgemeinen zu fragen, und betonen Sie dabei besonders die Unterstützung der Abstinenz. Schlagen Sie vor, jemanden aus dem sozialen Umfeld des Klienten zur Teilnahme am Behandlungsprozess auszuwählen. Achten Sie auf die verbalen und nonverbalen Reaktionen des Klienten, da das Thema bei einigen Klienten Widerstand oder Entmutigung hervorrufen kann. Betonen Sie dabei, dass es Zweck der Einbeziehung einer WP ist, zusätzliche Unterstützung für die Behandlung und Verhaltensänderung zu erhalten. Seien Sie auf mögliche Bedenken des Klienten vorbereitet. In der folgenden Tabelle (s. Tab. 3.1) finden Sie einige der am häufigsten vorgebrachten Einwände der Klienten gegen die Teilnahme einer WP.

In der 1. Sitzung soll die Einbeziehung einer WP in die Behandlung nur angesprochen werden. Eine ausführliche Besprechung der Bedeutung der WP und die Auswahl einer geeigneten Person für diese Rolle ist zentraler Bestandteil der 2. ASP-Sitzung.

3.2.2 Auswahl einer wichtigen Person

Vergewissern Sie sich vor der 2. Sitzung, dass Sie folgende Materialien zur Hand haben:

◢ Arbeitsblatt „Unterstützung der Abstinenz"
◢ Arbeitsblatt „Wesentliche Merkmale einer wichtigen Person (WP)"
◢ einige Bögen des Arbeitsblattes „Hilfreiche Menschen" (s. Arbeitsblatt 3 in Anhang A)

Nach der Begrüßung des Klienten stellen Sie die Themen der 2. Sitzung mit einer strukturierenden Aussage vor. Erlauben Sie dem Klienten, kurz zu berichten, wie es ihm seit der letzten Sitzung ergangen ist. Wenden Sie dabei die Methoden der motivierenden Gesprächsführung an. Leiten Sie dann über zur Auswahl der WP. Erläutern Sie nochmals den Zweck einer qualifizierten WP.

Das folgende Begriffsglossar soll Ihnen helfen, Missverständnisse zwischen Ihnen und dem Klienten zu vermeiden:

Begriffsglossar
Nüchtern:
◢ Aktuell abstinent oder trinkt mäßig.
Unterstützung der Abstinenz:
◢ Trinkt nicht in Gesellschaft des Klienten.
◢ Wird dem Klienten nicht vorschlagen zu trinken oder ihn dazu einladen.
◢ Wird nicht über eigene Trinkerlebnisse berichten.
◢ Wird den Klienten zur Erlangung der gesetzten Ziele ermutigen.
Aufrechterhaltung eigener Abstinenz:
◢ Befindet sich in der Erhaltungsphase ohne Trinkepisoden während der letzten 6 Monate.
◢ Hatte auch in der Vergangenheit noch nie Probleme mit Alkoholkonsum/-missbrauch.

Obwohl es sich um geläufige Begriffe handelt, wurden sie für die Auswahl einer WP genauer definiert. Nehmen Sie sich Zeit, die

Tab. 3.1: Einwände von Klienten gegen eine wichtige Person

Kategorie	Intervention
Begrenzte soziale Ressourcen (keine Personen, die als WP infrage kommen)	Falls Ihr Klient sehr begrenzte soziale Ressourcen hat, kann die Einbeziehung einer WP zu diesem Zeitpunkt tatsächlich schwer oder unmöglich sein. Vermitteln Sie ihm, dass, obwohl momentan niemand da ist, sich das soziale Netzwerk verändern kann und Sie gern später auf diesen Punkt zurückkommen würden.
Logistische Hindernisse für die WP-Einbeziehung (z.B. Transport- oder Terminprobleme)	Probleme wie z.B. Wohnortlage, mangelhafte Transportmöglichkeiten oder Terminschwierigkeiten zeigen oftmals an, dass die Mitarbeit der WP begrenzt sein kann. Die Beteiligung ist evtl. nur an einer Sitzung während der gesamten Behandlung möglich. Unterstreichen Sie, dass selbst eine begrenzte Beteiligung der WP sehr hilfreich sein kann. Ermutigen Sie den Klienten, Ideen zu entwickeln, die Hindernisse zu überwinden, und bieten Sie an (falls Sie dazu in der Lage sind), Ihre Terminplanung entsprechend anzupassen.
Zweifel an sozialer Unterstützung	Reflektieren Sie die Ansicht des Klienten, dass sein Netzwerk nicht unterstützend ist. Ist eine positive Unterstützung von dort nicht zu erwarten, sollte gegenwärtig keine WP ausgewählt werden. Teilen Sie dem Klienten mit, dass Sie den Punkt zu einem späteren Zeitpunkt wieder aufnehmen möchten. Falls es in der Vergangenheit Personen gab, die den Klienten unterstützt haben, untersuchen Sie mit ihm gemeinsam, inwiefern diese Menschen hilfreich waren. Sprechen Sie dann mit dem Klienten über die Teilnahme einer dieser Personen an der Behandlung.
Klient denkt, eine potenzielle **WP wird Teilnahme ablehnen**	Sollte die vom Klienten vermutete Ablehnung der WP tatsächlich bestehen, fragen Sie, auf welche Weise die Person in der Vergangenheit hilfreich war. Suchen Sie nach Möglichkeiten, wie die Person den Klienten auf eine andere Weise unterstützen kann. Es könnte eine Gelegenheit für die WP sein zu lernen, wie sie den Klienten bei der Abstinenz unterstützen kann. Erörtern Sie mit dem Klienten, ob er selbst oder der Therapeut die WP wegen einer Teilnahme ansprechen sollte.
Negative Gefühle des Klienten gegenüber der WP-Teilnahme (z.B. Person nicht belasten zu wollen, sich zu schämen oder es alleine schaffen zu wollen)	Relativieren Sie die Gefühle des Klienten und loben Sie ihn in adäquater Weise (z.B. für seine Rücksichtnahme, andere nicht belasten zu wollen; für die Übernahme von Verantwortung durch die Aufnahme der Behandlung). Diskutieren Sie mit ihm die Entscheidungsfreiheit, die WP nur so oft zu beteiligen, wie es der Klient möchte. Das kann das Gefühl der Belastung bei der WP reduzieren und das Kontrollerleben des Klienten erhöhen.

Arbeitsblätter „Unterstützung für Abstinenz" bzw. „Wesentliche Merkmale einer wichtigen Person (WP)" (s. Arbeitsblatt 1 und 2 in Anhang A) zu bearbeiten.

Fahren Sie nur mit dem Auswahlprozess der WP fort, wenn Sie das Einverständnis des Klienten für eine WP-Teilnahme erhalten. Klienten, die sie in diesem Stadium ableh-

nen, sollten später, in Phase 2, nochmals gefragt werden. Dabei wird die vorab dargestellte Strategie auch in Phase 2 verwendet. Falls der Klient wiederum ablehnt, sollte der Therapeut in Phase 3 nochmals fragen.

Zur Beurteilung eines potenziellen WP-Kandidaten wurde das Arbeitsblatt „Hilfreiche Menschen" (s. Arbeitsblatt 3 in Anhang

A) entworfen. Es ermöglicht dem Klienten sowie dem Therapeuten, Schlüsselbedingungen, potenzielle Barrieren und mögliche Lösungen zum Abbau von Barrieren zu erörtern, die die Tauglichkeit einer WP beeinflussen können. Es hilft dem Klienten auch, Methoden der Entscheidungsfindung zu konkretisieren und zu organisieren. Weiterhin ist es ein Werkzeug, um den Unterstützungsgrad durch eine WP zu verstehen, der notwendig ist, um Ziele und Inhalte der Intervention zu erfüllen. Stellen Sie „Hilfreiche Menschen" als ein Arbeitsblatt vor, das folgende Funktionen erfüllen soll:

◢ Identifizierung von WP-Kandidaten
◢ Erkennen bestehender Barrieren, die mögliche Kandidaten bei der Ausführung der Rolle als WP behindern könnten
◢ Erarbeitung geeigneter Lösungen zum Abbau der Barrieren sowie Operationalisierung des Unterstützungsgrades, der vom Kandidaten zur Erfüllung der Rolle erwartet wird

Gehen Sie alle potenziellen Kandidaten mit dem Klienten für den Fall durch, dass die Person seiner 1. Wahl nicht in der Lage ist teilzunehmen. Dadurch vermeiden Sie, den Prozess noch einmal durchführen zu müssen. Die Auswahl einer WP sollte so interpretiert werden, dass hier eine Person einbezogen wird, die dem Klienten wichtig ist und während des Behandlungsverlaufs Unterstützung bieten kann, nicht jedoch, um Personen auszugrenzen, die der Klient auch schätzt.

Im günstigsten Fall erfüllt die WP alle empfohlenen Kriterien. Fällt die WP außerhalb des empfohlenen Bereiches, sollten Sie mit dem Klienten besprechen, ob und wie die Hindernisse durch Ihre Hilfestellung oder die Zusammenarbeit aller Beteiligten beseitigt werden können. Falls Sie erkennen, dass sich bei den verschiedenen Kriterien eine Reihe ungünstiger Beurteilungen ergeben, ermutigen Sie den Klienten, einen anderen potenziellen Kandidaten auszuwählen.

Falls Ihr Klient gegen die Teilnahme einer WP plädiert, fragen Sie nach speziellen Bedenken, die er gegen sie hegt. Fragen Sie nach den konkreten Vor- und Nachteilen (z.B.: *Was wäre das Schlimmste und das Beste, was passieren könnte, wenn Ihre WP teilnimmt?*) und reflektieren Sie Pro und Kontra.

Die Anwendung von MI kann helfen, die Ambivalenz des Klienten aufzulösen. Falls er immer noch ablehnend ist, drängen Sie ihn nicht. Erkennen Sie die Autonomie des Klienten an, deuten Sie jedoch an, dass Sie zu einem späteren Zeitpunkt der Behandlung darauf zurückkommen werden. Versuchen Sie dann in regelmäßigen Abständen, die Einbeziehung einer WP in die Behandlung zu verstärken.

Falls der Klient damit einverstanden ist, ist es am einfachsten, ihn selbst zu bitten, die WP anzusprechen. Dabei kann es hilfreich sein, mit dem Klienten durchzuspielen, wie er die WP am günstigsten darauf anspricht.

Zusammenfassung des WP-Rekrutierungsprozesses

Schritt 1: Der Therapeut initiiert die Einbeziehung einer wichtigen Person. Falls der Klient damit einverstanden ist, fährt der Therapeut mit der Auswahl der WP in der 2. Sitzung fort.

Schritt 2: Falls der Klient nicht einverstanden ist, hört sich der Therapeut die Bedenken an und reagiert mit motivierender Gesprächsführung.

Schritt 3: Falls der Klient weiterhin die Teilnahme einer WP ablehnt, sollte der Therapeut eine weitere Diskussion zu diesem Thema verschieben, aber in Phase 2 und Phase 3 nochmals darauf zurückkommen.

3.2.3 Teilnahme einer wichtigen Person an ASP-Sitzungen

Normalerweise nimmt eine WP erstmals ab der 4. Sitzung teil. Die wichtigsten Punkte für die 1. Sitzung mit der WP sind:

◢ WP über ihre Rolle/Funktion in der ASP informieren
◢ Zusage der WP einholen, den Klienten in seinem Bemühen zur Veränderung zu unterstützen
◢ Fähigkeiten der WP zur Unterstützung des Klienten steigern

Ziel ist es, das unterstützende Verhalten der WP zu erhöhen. Die WP soll auch lernen zu unterscheiden, wann Unterstützung angeboten werden sollte und wann eher nicht. Es gibt beispielsweise Umstände, in denen es für die WP sinnvoller ist, sich zurückzuziehen, anstatt weiterhin Unterstützung anzubieten. Solche Situationen können die Nichteinhaltung der Behandlungsziele sein, z.B. wenn der Klient

◢ seine Medikamente nicht einnimmt,
◢ an einer Umschulung nicht teilnimmt oder
◢ nicht bereit ist zur Abstinenz.

Dem Klienten soll damit die Gelegenheit gegeben werden, die Konsequenzen seines Handelns zu erfahren.

Heißen Sie die WP willkommen und danken Sie ihr für das Erscheinen und die Bereitschaft, den Klienten in der Behandlung zu unterstützen. Erläutern Sie die Rolle und Aufgaben, die einer WP in der ASP zugedacht sind, und fragen Sie nach, ob sie irgendwelche Fragen oder Bedenken gegen die Strategien und Vorgehensweisen hat. Antworten Sie direkt auf alle Fragen und Bedenken.

Besprechen Sie die Behandlungsziele, um Missverständnisse zwischen Ihnen, Ihrem Klienten und der WP zu vermeiden, die später zu Problemen mit der Compliance führen könnten. Klären Sie die Rolle der WP, die sie während der Sitzung einnehmen sollte. Erinnern Sie die WP, dass sie viel mehr über den Klienten weiß als der Therapeut und deshalb auf verschiedene Weise hilfreich sein könnte, die Abstinenz des Klienten zu unterstützen, etwa durch eine konstruktive Rückmeldung hinsichtlich der Pläne, die von Therapeut und Klient erarbeitet werden. Erklären Sie der WP, dass von ihr nicht erwartet wird, als Co-Therapeut zu fungieren. Falls die WP ein Familienmitglied ist, stellen Sie klar, dass Sie keine Familien- oder Paartherapie durchführen (in welcher die Beziehung im Mittelpunkt steht). Es können allerdings Punkte diskutiert werden, die mit der Kommunikation innerhalb der Beziehung zu tun haben. Das Hauptziel der Behandlung ist es, dem Klienten dabei zu helfen, abstinent zu werden und zu bleiben. Erläutern Sie zusätzlich, dass die Rolle der WP keine Kontrolle oder Zwang mit einschließt, sondern dass der Fokus eher auf der Unterstützung der Veränderung liegt. Erklären Sie ausdrücklich, dass die WP die Abstinenz des Klienten unterstützen soll, was folgende Punkte beinhaltet:

◢ Anbieten hilfreicher Ideen und Vorschläge
◢ Ermutigung
◢ Unterstützung und Verstärkung aller Anstrengungen des Klienten, abstinent zu bleiben
◢ Hilfe bei der Umsetzung von Plänen des Klienten, die der Aufrechterhaltung der Abstinenz dienen

Im Allgemeinen kann die WP die Wirksamkeit der Behandlung verbessern. Sie sollten sie jedoch daran erinnern, dass niemand außer dem Klienten selbst letztlich die Entscheidung über eine Veränderung treffen und die Verantwortung dafür übernehmen kann.

Fragen Sie die WP, ob sie schon Ideen hat, wie sie den Klienten in der Aufrechterhaltung der Abstinenz unterstützen kann. Falls die WP nicht antworten kann, geben Sie ihr einige Beispiele möglicher Hilfestellungen:

◢ optimistisch bleiben
◢ Klienten für seine Anstrengungen loben
◢ Zeit mit ihm bei Aktivitäten verbringen, die nicht mit Alkoholkonsum in Verbindung stehen
◢ Erreichen eines wichtigen Schritts besonders feiern (z.B. ein alkoholisches Getränk abgelehnt zu haben)

Differenzen zwischen Klient und WP: Es kommt vor, dass die WP stärkere Veränderungswünsche hat als der Klient. Aus diesem Grunde treten manchmal Differenzen zwischen beiden auf, was getan werden müsste, um das Trinkverhalten zu verändern. Solche Differenzen müssen bearbeitet und aufgelöst werden.

3.2.4 Verhalten der wichtigen Person bei erneutem Trinken des Klienten

Im Verlauf der Behandlung kann es vorkommen, dass der Klient Alkohol konsumiert (Ausrutscher/Rückfall), was wiederum Probleme für die WP mit sich bringen kann. Einige wichtige Personen werden wütend, frustriert oder enttäuscht reagieren und ihre Teilnahme an der Therapie beenden. Das könnte sich ungünstig auf den therapeutischen Prozess auswirken (z.B. die Selbstwirksamkeit des Klienten reduzieren). Andere wichtige Personen werden möglicherweise versuchen, den Klienten vor den Folgen und Konsequenzen des erneuten Konsums zu schützen. Beispielsweise dadurch, dass sie den Klienten beim Arbeitgeber, bei Freunden oder seiner Familie entschuldigen, nach einem Ausrutscher alles für ihn regeln und trotz des Alkoholkonsums weiterhin eine allgemein unterstützende Rolle einnehmen. Dieses Handlungsmuster wird oft als **co-abhängiges Verhalten** bezeichnet. Es erlaubt dem Klienten, die Verantwortung für sein Trinken von sich auf die WP zu verlagern. Wenn man dem Klienten nicht die Möglichkeit gibt, die negativen Konsequenzen seines Verhaltens zu erfahren, wird er möglicherweise weniger zu einer Veränderung bereit sein.

Das Thema eines wieder aufgenommenen Alkoholkonsums sollte deshalb besprochen werden, bevor der Klient wieder anfängt zu trinken. Ein konkreter Plan sollte gemeinsam mit dem Klienten und der WP erarbeiten werden, wie mit einer derartigen Situation umgegangen wird. Andernfalls besteht das Risiko, dass die WP unabsichtlich die Effektivität der Behandlung reduziert. Eine vorbeugende Haltung kann sie hingegen besser auf einen Ausrutscher vorbereiten:

◢ Erklären Sie, dass ein Ausrutscher im Verlauf der Behandlung einer Alkoholabhängigkeit nicht ungewöhnlich ist, speziell in den ersten Monaten der Behandlung. Je länger der Klient jedoch abstinent bleiben kann, desto besser stehen die Chancen für eine langfristige Abstinenz.
◢ Verdeutlichen Sie, dass der Klient selbst für das Angehen des Problems verantwortlich ist.
◢ Erklären Sie, dass spezielle Verfahren entwickelt wurden (s. Modul „Ausrutscher“, Kap. 5.3), um dem Klienten während dieser Episoden zu helfen. Diskutieren Sie die Möglichkeiten einer angemessenen Unterstützung des Klienten im Falle eines Ausrutschers.
◢ Erörtern Sie die Vor- und Nachteile der verschiedenen Handlungsmöglichkeiten der WP bei einem Ausrutscher. Eine Möglichkeit wäre, dem Klienten keine Unterstützung mehr zukommen zu lassen, solange er trinkt. Das kann bedeuten, nicht mehr gemeinsam an Veranstaltungen teilzunehmen, bei denen Alkohol angeboten wird, z.B. Kegeln, Sportveranstaltungen und Partys. Falls die WP ein Ehe- oder Lebenspartner ist, könnten separate Schlafzimmer eine Folge sein.

Weitere Möglichkeiten wären, nicht mehr am gemeinsamen Abendessen teilzunehmen oder allgemein mehr Zeit getrennt voneinander zu verbringen. Erwähnen Sie, dass sich diese Methoden als förderlich im Hinblick auf eine positive Veränderung erwiesen haben. Die WP könnte nicht mehr an den Sitzungen teilnehmen und selbst woanders Hilfe suchen (z.B. Teilnahme an einer Angehörigengruppe der Anonymen Alkoholiker). Das ist besonders sinnvoll für eine WP, die große Schwierigkeit hat, mit ihren negativen Gefühlen gegenüber dem Alkoholkonsum des Klienten umzugehen.

Beispiele einer **angemessenen** therapeutischen Einbeziehung der WP:

◢ Diskussion von Reaktionen der WP auf das Trinkverhalten des Klienten
◢ Reflexion der Äußerungen der WP
◢ Ermutigung der WP, Abstinenzverhalten positiv zu verstärken
◢ Beteiligung am Training der Kommunikationsfertigkeiten (s. Modul „Kommunikationsfertigkeiten", Kap. 6.5)

Beispiele **unangemessener** therapeutischer Interventionen bezogen auf die WP:

◢ Diskussion von Themen der Herkunftsfamilie
◢ Konstruktion eines Genogramms
◢ Ratschläge zu elterlichem Verhalten
◢ Sexualtherapie

3.2.5 Die problematische wichtige Person

Beim Bearbeiten des Arbeitsblattes „Hilfreiche Menschen" (s. Arbeitsblatt 3 in Anhang A) sollte eine WP, die schon vor Behandlungsbeginn ein negatives Interaktionsmuster mit dem Klienten zeigte, erkannt und ausgeschlossen werden. Es gibt jedoch Situationen, in denen die Anwesenheit der WP

Probleme innerhalb der Sitzung auslösen kann. Falls die Anwesenheit der WP ein Problem darstellt, ist es erlaubt, die WP freundlich von einem Teil der Sitzungen oder auch allen Sitzungen auszuschließen.

Die nachstehenden Punkte zeigen Beispiele einer problematischen WP:

◢ Die WP behindert die Bemühungen des Klienten, sein Trinkverhalten zu ändern. Den optimistischen Äußerungen des Klienten zur Veränderung werden Skepsis oder Hohn entgegengesetzt. Der Klient wird wiederholt an früheres Versagen bei der Durchführung eines Veränderungsplans erinnert. Insgesamt zeigt die WP eine negative Einstellung gegenüber dem Veränderungsprozess.

◢ Die WP zeigt Widerwillen oder erweist sich als unfähig zur Teilnahme an Aktivitäten des Klienten, die möglicherweise zu einer Veränderung des Trinkverhaltens beitragen (z.B. Besuch von Veranstaltungen, bei denen kein Alkohol angeboten wird). Bei der Erstellung eines Veränderungsplans liefert die WP nur wenige konstruktive Beiträge, es sei denn, sie wird vom Therapeuten dazu angehalten.

◢ Die WP demonstriert insgesamt nur wenig Engagement für die Therapie. Sie sagt häufig Termine ab, ohne neue zu vereinbaren, kommt zu spät oder verlässt die Sitzung vor deren Ende. Sie beteiligt sich nicht spontan am Gespräch mit Ausnahme von negativen Bemerkungen.

Um das störende Verhaltensmuster der WP zu verändern, nutzen Sie die Methoden der motivierenden Gesprächsführung. Aktives Zuhören und Umformulierungen können sich bei problematischen wichtigen Personen als sehr hilfreich erweisen. Erklären Sie nochmals die Rolle der WP und was Sie nicht akzeptieren werden. Falls Ihre Bemühungen das negative Interaktionsmuster nicht verändern, ziehen Sie folgende Optionen in Betracht:

◢ Limitieren Sie die Rolle der WP auf die Mitteilung von Informationen und die Klarstellung von Fakten. Zeigen Sie der WP unterschiedliche Strategien auf, mit denen sie den Klient bei der Änderung seines Trinkverhaltens unterstützen könnte. Derartige Informationen können die Behinderung des Behandlungsprozesses durch die WP reduzieren.

◢ Falls die WP und der Klient interessiert und bereit dazu sind, bieten Sie ihnen die Gelegenheit, das Modul Kommunikationsfertigkeiten (KO) zu bearbeiten (s. Kap. 6.5). Erwähnen Sie, dass das Hauptziel von KO die Reduktion negativer Interaktionen und eine Erhöhung positiver Kommunikation zwischen den Partnern ist. Es soll sie wiederum in die Lage versetzen, ihre Energie für die Veränderung des Trinkverhaltens einzusetzen. Wenn die Kommunikationsprobleme geklärt wurden, kann der Fokus der Sitzung wieder auf den Klienten gerichtet werden. Andernfalls ist es besser, die WP nicht weiter an den gemeinsamen Sitzungen teilnehmen zu lassen.

◢ Falls die WP nicht bereit ist, am KO-Modul teilzunehmen, fragen Sie sie, ob sie bereit ist, eine Alternative wahrzunehmen, z.B. Angehörigenberatung oder Einzeltherapie. Falls Sie der Meinung sind, dass eine weitere Beteiligung der WP sich nachteilig auf die Behandlung des Klienten auswirken könnte, schlagen Sie der WP vor, eine Angehörigengruppe der Anonymen Alkoholiker (AA) zu besuchen.

3.2.6 Folgesitzungen

Beurteilen Sie kontinuierlich die Effektivität der WP-Unterstützung in den folgenden Sitzungen. Überprüfen Sie, welche Schritte die Bewältigung der Alkoholproblematik unterstützt haben. Suchen Sie nach Alternativen in Bereichen, die nicht erfolgreich waren. Unterstreichen Sie weiterhin die Wichtigkeit des WP-Beitrags zum Veränderungsprozess.

3.3 Übergang von Phase 1 zu Phase 2

3.3.1 Erkennen der Veränderungsbereitschaft

Die bisher genannten Strategien wurden für den Motivationsaufbau entwickelt und sollen dem Klienten helfen, eine Entscheidung zugunsten einer Veränderung zu treffen. Wenn genügend Motivation aufgebaut worden ist, beginnt ein 2. wichtiger Prozess: die Festigung der Selbstverpflichtung des Klienten zur Veränderung.

Der richtige Zeitpunkt ist hier zentral – Sie sollten wissen, wann Interventionen zur Konsolidierung der Selbstverpflichtung des Klienten bzgl. konkreter Handlungen angebracht sind. Folgende Analogie aus dem kaufmännischen Bereich mag das verdeutlichen: Es ist wichtig zu wissen, wann der Kunde von einem Produkt überzeugt ist und man deshalb einen Geschäftsabschluss forcieren sollte. Im transtheoretischen Modell von DiClemente und Prochaska [1998] ist es das Stadium der **Absichtsbildung.** Solch eine Entwicklung ist nicht irreversibel. Falls der Übergang zum Stadium der Vorbereitung zu lange hinausgezögert wird, kann die Selbstverpflichtung verloren gehen. Wenn sich die Ambivalenz verschiebt, ist es Zeit, eine Konsolidierung der Entscheidung des Klienten anzustreben.

Es gibt keine universellen Kriterien für den Übergang in das Stadium der Vorbereitung. Im Folgenden einige Veränderungen, die Sie möglicherweise beobachten können:

◢ Der Widerstand des Klienten lässt nach.

◢ Der Klient stellt weniger Fragen.

◢ Der Klient erscheint gefestigter, gelöster, unbelasteter oder stiller.

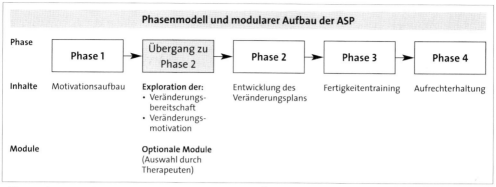

Abb. 3.1: Phasenmodell und modularer Aufbau der ASP – Übergang zu Phase 2

◢ Der Klient äußert selbstmotivierende Sprache, die eine Entscheidung oder Offenheit für eine Veränderung signalisiert.

Motivation und Veränderungsbereitschaft können auch in den Phasen 2 oder 3 wieder zum Thema werden. Die nachfolgenden Situationen sollten Sie darauf aufmerksam machen, dass es nötig ist, die Bereitschaft Ihres Klienten nochmals abzuklären:

◢ Verpasst der Klient Termine oder sagt sie ab, ohne neue zu vereinbaren? Zeigt er sich unentschlossen oder zögerlich beim Vereinbaren weiterer Sitzungstermine?

◢ Zeigt der Klient Initiative und erledigt die erteilten Hausaufgaben?

◢ Wirkt der Klient in den Sitzungen eher zurückhaltend oder zeigt er Widerstand, wenn es um Veränderung geht?

◢ Wie empfindet der Klient die Therapie im Allgemeinen? Ist es
  – eine peinliche Erfahrung,
  – eine Gelegenheit, ein neues Leben zu beginnen,
  – eine Zwangsläufigkeit, die durchgestanden werden muss?

◢ Falls der Klient die Behandlung fremdmotiviert aufgenommen hat (z.B. wegen Fahrens unter Alkoholeinfluss), haben Sie das angesprochen?

◢ Wie verhält sich die von Ihnen angebotene Therapie zu dem, was der Klient erwartete oder in der Vergangenheit erfahren hatte? Falls Ihr Ansatz sich von dem unterscheidet, was Ihr Klient erwartet hat, haben Sie die Diskrepanz mit ihm diskutiert und reflektiert?

Zeigt sich ein Mangel an Veränderungsbereitschaft, ist es empfehlenswert, weiter an der Ambivalenz des Klienten zu arbeiten. Stellen Sie sicher, dass Sie die Vor- und Nachteile des Alkoholkonsums und der Veränderung aus der Perspektive Ihres Klienten verstehen.

Für viele Klienten gibt es keinen klaren Zeitpunkt, zu dem die Entscheidung getroffen wird oder sich die Veränderungsbereitschaft einstellt. Häufig beginnen Klienten in den Stadien der Absichtsbildung und Vorbereitung, Veränderungsstrategien zu überdenken und auszuprobieren. Bei einigen hängt die **Entscheidung** zur Verhaltensänderung davon ab, schon eine Strategie gefunden zu haben, die sie als durchführbar und Erfolg versprechend ansehen. Deshalb gestaltet sich der Übergang vom Stadium der Absichtsbildung zur Handlung allmählich und zögerlich; es gibt keinen festen Zeitpunkt der Entscheidungsfindung.

Sie sollten auch nicht vergessen, dass, selbst wenn ein Klient anscheinend eine Entscheidung getroffen hat und Schritte zur Veränderung unternimmt, dennoch Ambivalenzen vorhanden sein können. Sie können nicht davon ausgehen, dass es keine Notwendigkeit für die Anwendung von Strategien der Phase 1 mehr gibt, wenn der Klient sich erst einmal zur Veränderung entschlossen hat. Gleichermaßen vorsichtig sollten Sie mit Klienten fortfahren, die eine vorschnelle oder auffällig begeisterte Veränderungsbereitschaft zeigen. Selbst wenn sich ein Klient schon zu Beginn der Therapie für eine Veränderung bereit erklärt, ist es sinnvoll, die Veränderungsbereitschaft mithilfe der MI-Strategien (offene Fragen stellen, Reflektieren, Bestätigen, Zusammenfassen) zu explorieren und ggf. zu steigern, bevor Sie mit der Konsolidierung der Veränderungsbereitschaft fortfahren.

Es kommt jedoch ein Zeitpunkt, an dem Sie den Fokus von der Motivationssteigerung (Phase 1) auf die Aushandlung eines Veränderungsplans und Konsolidierung der Veränderungsbereitschaft (Phase 2) verlagern sollten.

Übergang zu Phase 2
Der Übergang von Phase 1 zu Phase 2 der ASP ist ein wichtiger Schritt und besteht aus einer überleitenden **Reflexion** und einer **Schlüsselfrage.** Die überleitende Reflexion fasst die SMS des Klienten zusammen. Die Schlüsselfrage ist eine direkte Aufforderung an den Klienten, eine Aussage zu seinem Alkoholkonsum zu machen, z.B.:

▲ *Was machen Sie jetzt aus all dem? Was denken Sie, was Sie damit anfangen werden?*
▲ *Was glauben Sie, wo Sie das hinführt?*
▲ *Wie sind Ihre Pläne?*
▲ *Ich frage mich, was Sie zum jetzigen Zeitpunkt über Ihren Alkoholkonsum denken?*
▲ *Nun, da Sie schon so weit gekommen sind, frage ich mich, was Sie wegen der Probleme unternehmen werden?*

Reagieren Sie mit einer Reflexion. Falls der Klient offen für die Diskussion einer möglichen Veränderung erscheint, ist es Zeit, zu Phase 2 überzugehen. Bevor Sie das jedoch tun, schließen Sie immer mit einer aktuellen Beurteilung der Veränderungsmotivation ab.

3.3.2 Beurteilung der Veränderungsmotivation

Die Veränderungsmotivation hat verschiedene Komponenten, die mit den Attributen **willig, fähig** und **bereit** beschrieben werden können. Eine Person muss den Willen zur Veränderung haben, was voraussetzt, dass die Veränderung als wichtig und nützlich beurteilt wird. Die Argumente für die Veränderung müssen die Argumente, alte Verhaltensmuster beizubehalten, überwiegen.

Eine Person kann den Willen zeigen, sich zu verändern, aber dennoch an ihren Fähigkeiten hierzu Zweifel hegen. Diese Fähigkeitskomponente wird als Selbstvertrauen oder Selbstwirksamkeit bezeichnet. Bei einer Person, die bereit ist, sich aber zur Veränderung nicht in der Lage fühlt, bedarf es einer Steigerung der Selbstwirksamkeitserwartung.

Es gibt auch Personen, die sich in der Lage fühlen, sich zu ändern, aber nicht willig sind. Eine typische Aussage wäre: *Ich könnte aufhören, wenn ich wollte, aber ich habe keinen Grund, warum ich es sollte.* Hier ist es Ihre Aufgabe, die wahrgenommene Wichtigkeit einer Veränderung zu steigern.

Es ist auch möglich, zur Veränderung willens und fähig, aber aktuell nicht bereit zu sein: *Ich kann es tun und es ist wichtig für mich, mich zu ändern, aber es ist im Moment nicht der richtige Zeitpunkt.* Hier gibt es gewöhnlich andere Prioritäten, die der Klient zuerst in Angriff nehmen will, wie z.B. Arbeit, Wohnung, Urlaub, Gesundheit, Beziehung etc. Manchmal ist es ein angestrebter Zustand, der zwischen dem Klienten und der Veränderung steht und dessen Erreichen subjektive Priorität genießt *(nicht bis ich … in Ordnung gebracht habe).*

Bei der Vorbereitung auf Phase 2 sollten Sie kurz beurteilen, wo Ihr Klient auf den genannten 3 Dimensionen zum gegenwärtigen Zeitpunkt steht. Das hilft Ihnen dabei zu entscheiden, ob und wie Sie fortfahren sollten. Vermerken Sie die 3 Bewertungen auf dem Arbeitsblatt „Selbsteinschätzung" (s. Arbeitsblatt 4 in Anhang A):

Wenn Sie erlauben, möchte ich gern 3 Fragen stellen, und für jede einzelne bitte ich um Ihre Wertung auf einer Skala von 0–10. (Zeigen Sie dem Klienten das Arbeitsblatt.)

Wichtigkeit: *Als Erstes möchte ich Sie fragen, wie wichtig es derzeit für Sie ist, eine Veränderung Ihres Trinkverhaltens herbeizuführen, wenn 0 = überhaupt nicht wichtig und 10 = extrem wichtig bedeutet. Was würden Sie sagen?* (Lassen Sie den Klienten eine Nummer auf der Skala ankreuzen. Wertungen zwischen den Zahlen sind nicht erlaubt.)

Selbstwirksamkeit: *Nehmen Sie einmal an, Sie haben sich entschlossen, mit dem Trinken aufzuhören. Wie überzeugt oder sicher sind Sie, dass Sie es tatsächlich schaffen könnten? 0 = überhaupt nicht sicher und 10 = Sie sind 100% sicher, dass Sie es schaffen könnten. Was glauben Sie, wie sicher Sie sind?* (Lassen Sie den Klienten wieder eine Nummer auf der Skala ankreuzen.)

Bereitschaft: *Als Drittes, was glauben Sie, wie bereit Sie zum gegenwärtigen Zeitpunkt für eine Veränderung sind? 0 = überhaupt nicht bereit und 10 = 100% bereit.* (Lassen Sie erneut eine Nummer ankreuzen.)

Jede Klientenwertung unter 6 bedarf einer weiteren Untersuchung. Wenden Sie das optionale Modul **Exploration der Selbsteinschätzung (ES)** an (s. Kap. 3.3.3). Falls Sie danach der Meinung sind, dass immer noch weitere Arbeit in Phase 1 notwendig ist, gibt es noch 2 weitere optionale Module: **Entscheidungswaage (EW)** (s. Kap. 3.3.4) und **Exploration früherer Erfolge (EE)** (s. Kap. 3.3.5). Sind die Werte 6 oder höher, fahren Sie direkt mit dem Abschluss der Phase 1 fort.

> **Arbeitsblatt „Selbsteinschätzung"** (s. Arbeitsblatt 4 in Anhang A)
> ◢ **Skalenwert ≥ 6: Abschluss Phase 1**
> ◢ **Skalenwert < 6: Optionales Modul ES: Exploration der Selbsteinschätzung**

3.3.3 Optionales Modul ES: Exploration der Selbsteinschätzung

Falls der Klient niedrige Werte angibt (< 6) oder Sie Fragen zu seinen Wertungen haben, wenden Sie zunächst dieses Verfahren an. Danach können Sie entscheiden, ob Sie noch auf die weiteren optionalen Module zurückgreifen, die direkt folgen.

Für jede der 3 Wertungen, die der Klient angibt, gibt es 2 offene Fragen. Jede der beiden Fragen sollte zu SMS führen, auf die Sie mit aktivem Zuhören und Zusammenfassen reagieren sollten:

1. *Ich möchte Sie jetzt Folgendes fragen: Warum haben Sie sich mit … (Klientenwertung) eingeschätzt und nicht mit 0?*
   Die Frage löst selbstmotivierende Aussagen des Klienten zur Wichtigkeit, Fähigkeit oder Bereitschaft aus. Darauf ist aktives Zuhören die angebrachte Reaktion. Frage 1 macht natürlich keinen Sinn, wenn sich Klienten mit 0 werten. In dem Fall sollten Sie zu Frage 2 übergehen.
2. *Was wäre notwendig, um Sie von … (gegenwärtige Wertung) auf … (höhere Wertung) zu bringen?*
   Wählen Sie für die höhere Wertung eine Zahl, die zwischen 6 und 8 liegt, aber nicht mehr als 8. Frage 2 ruft beim Klienten Wenn-dann-Aussagen über die Bedingungen hervor, unter denen sich die wahrgenommene Wichtigkeit, Fähigkeit oder Bereitschaft zur Veränderung steigen würde. Das gibt Ihnen eine Vorstellung von den Themen, die in Phase 2 und Phase 3 aufgegriffen und bearbeitet

werden sollten. Auch hier ist es wichtig, die Aussagen des Klienten zu reflektieren.

Stellen Sie die Fragen für jede Wertung, die niedriger als 6 ist. Danach geben Sie eine zusammenfassende Reflexion, die alle durch Frage 1 geäußerten selbstmotivierenden Aussagen aufführt, Gleiches gilt für die Wenn-dann-Aussagen, die auf Frage 2 geäußert wurden. Werden aufgrund der Exploration konkrete Bedingungen erarbeitet, die zu einer Wertung ≥ 6 führen würden, gehen Sie über zum Abschluss der Phase 1. Falls keine konkreten Bedingungen gefunden wurden oder Sie Zweifel hegen, fahren Sie mit dem optionalen Modul EW: Entscheidungswaage fort (s. Kap. 3.3.4).

> **Optionales Modul ES: Exploration der Selbsteinschätzung**
> **Konkrete Bedingungen: Abschluss Phase 1**
> **Keine/unklare Bedingungen:**
> ◢ **Wichtigkeit/Bereitschaft: Optionales Modul EW: Entscheidungswaage**
> ◢ **Selbstwirksamkeit: Optionales Modul EE: Exploration früherer Erfolge**

3.3.4 Optionales Modul EW: Entscheidungswaage

Falls weitere Motivationssteigerung notwendig ist, bitten Sie den Klienten (und die WP), das Pro und Kontra einer Veränderung zu überdenken. Verwenden Sie hierzu das Arbeitsblatt „Entscheidungswaage" (s. Arbeitsblatt 5 in Anhang A).

Sagen Sie einleitend etwa:

Manchmal ist es hilfreich, Vor- und Nachteile einer Veränderung zu überdenken. Die meisten Menschen stecken hier fest. Sie denken vielleicht darüber nach, warum eine Veränderung gut sein könnte, und dann denken sie an etwas, was sie am Alkohol mögen, und nachdem sie sich gedanklich so hin- und herbewegt haben, hören sie ganz damit auf, darüber nachzudenken. Kennen Sie das?

Hören Sie zu und reflektieren Sie, wenn der Klient ein Beispiel seiner Ambivalenz gibt.

◢ *Was ich möchte, ist ein klares Bild von Pro und Kontra aus Ihrer Sicht zu gewinnen. Als Erstes möchte ich herausfinden, was Sie als Vorteile des Trinkens ansehen. Was waren die Dinge, die Sie am meisten am Trinken mochten?* Lassen Sie den Klienten das entsprechende Feld des Arbeitsblattes ausfüllen. Manchmal machen Klienten Aussagen, die eigentlich in ein anderes Feld gehören. Lassen Sie ihn diese einfach in das dafür vorgesehene Feld eintragen.

◢ *Neben den Dingen, die Sie am Trinken mögen, gibt es auch mögliche Nachteile einer Abstinenz? Welche sind diese? Was würde denn gegen eine Veränderung sprechen?*

◢ *Nun zur anderen Seite. Was sind die Nachteile des Trinkens für Sie?* Die Frage könnte genügen, aber Sie können auch andere Fragen stellen wie z.B.: *Wodurch waren Sie oder andere Menschen wegen Ihres Trinkens beunruhigt? Wie hat sich Ihr Trinken über die letzten Jahre hinweg verändert? Welche Schwierigkeiten haben Sie wegen Ihres Trinkens gehabt?* Falls eine WP anwesend ist, können Sie fragen, was sie bemerkt hat. Nehmen Sie sich Zeit, selbstmotivierende Aussagen auszulösen, und reagieren Sie mit aktivem Zuhören.

◢ *Was könnten Vorteile oder Nutzen von Abstinenz sein? Auf welche Weise könnte das gut sein?* Lösen Sie auch hier selbstmotivierende Aussagen aus.

Während des gesamten Moduls sind Reflexionen, Zusammenfassungen und Umformulierungen hilfreiche Reaktionen. Beenden Sie das Modul mit einer zusammenfassenden Reflexion, die die Themen von Pro und Kontra beinhaltet, wobei die Betonung auf selbstmotivierenden Aussagen liegt.

Fragen Sie nun, ob sich die Selbsteinschätzung für die Dimension Wichtigkeit bzw. Bereitschaft geändert hat. Fragen Sie nach dem Grund der Änderung und reflektieren Sie. Fahren Sie mit dem Abschluss der Phase 1 fort.

3.3.5 Optionales Modul EE: Exploration früherer Erfolge

Für einige Klienten ist das Haupthindernis für Veränderungen ihre Unsicherheit bzgl. ihrer Selbstwirksamkeit. Sie sind sich der Wichtigkeit einer Veränderung bewusst (z.B. der negativen Konsequenzen ihres Trinkverhaltens), sind aber von ihrer Fähigkeit, eine Veränderung umzusetzen, nicht überzeugt. Sie sind bereit, sich zu ändern, stellen aber ihr Können infrage. Wenn geringe Selbstwirksamkeit die Motivation beeinträchtigt, kann es hilfreich sein, frühere erfolgreiche Veränderungen des Klienten zu besprechen. Beginnen Sie damit, den Klienten zu bitten, sich an Situationen zu erinnern, in denen er sich zu einer Veränderung entschlossen hatte und sie auch erfolgreich durchsetzte.

Suchen Sie nach Veränderungen, die der Klient aus eigener Initiative vorgenommen hatte (anstatt ihm auferlegt worden zu sein) und auf die er stolz ist. Untersuchen Sie dann, was er unternommen hatte, um es zu schaffen, und wie ähnliche persönliche Fähigkeiten oder Stärken bei der Veränderung des Alkoholproblems helfen könnten:

◢ Wie begann der Veränderungsprozess – was löste ihn aus?
◢ Was hat der Klient getan?
◢ Auf welche Schwierigkeiten war er gestoßen?
◢ Wie hat der Klient sie überwunden?
◢ Wie erklärt er seinen Erfolg?
◢ Was sagt das über seine persönliche Stärke und Fähigkeit aus?

Anstatt jedoch nüchtern zu fragen, kann es effektiver sein, wenn Sie den Klient ermutigen, Ihnen zu erläutern, was er getan hat

und wie er es geschafft hat. Reagieren Sie mit empathischem Zuhören, speziell durch Reflexion von Aussagen im Hinblick auf persönliche Fähigkeiten zur Veränderung. Vermeiden Sie hierbei eine Fachsprache und verwenden Sie die Ausdrucksweise des Klienten.

Hat der Klient Schwierigkeiten, eigene Erfolge zu erzählen, kann es auch sinnvoll sein zu beschreiben, wie andere Menschen in ähnlichen Situationen erfolgreich waren. Zusätzlich können Sie auch die positiven Ergebnisse von weiteren Betroffenen anführen, die ihr Alkoholproblem in Angriff genommen haben. Auf lange Sicht gelingt es den meisten Menschen, ihre Alkoholabhängigkeit zu bewältigen, obwohl dazu oftmals eine Reihe von Versuchen notwendig ist. Sie können die verschiedenen Fertigkeitenmodule der Phase 3 beschreiben, die bei anderen in der Vergangenheit zum Erfolg geführt haben. Machen Sie sich mit den positiven Ergebnissen der Behandlung der Alkoholabhängigkeit und mit Bemühungen zur Veränderung abhängigen Verhaltens im Allgemeinen vertraut. Suchen Sie nach Verbindungen zwischen wirksamen Ansätzen und dem, was der Klient Ihnen über seine früheren Erfolge berichtet. Betonen Sie, dass viele verschiedene Strategien zum Ziel führen können und dass die Chancen wirklich gut stehen für eine, die dem Klienten hilft, selbst wenn es nicht beim 1. Mal gelingt.

3.3.6 Abschluss der Phase 1

Ob Sie nun die obigen optionalen Module angewendet haben oder nicht, beenden Sie die Phase 1 mit einer überleitenden Zusammenfassung, dem nochmaligen Stellen der Schlüsselfrage und einer strukturierenden Aussage wie z.B.:

Da wir nun einige Zeit damit zugebracht haben, über das Warum der Veränderung zu sprechen, möchte ich nun, wenn Sie einverstan-

den sind, von Ihnen ein klareres Bild darüber erhalten, wie das Trinkverhalten in der Vergangenheit zu Ihrem Leben gepasst hat. Wir können auch mit dem Wie der Veränderung beginnen – was Ihnen lieber ist.

Falls sich der Klient immer noch unentschlossen zeigt, sich zur Abstinenz zu entscheiden, fragen Sie, ob er bereit ist, mit dem nächsten Schritt fortzufahren und die Gründe für den Alkoholkonsum zu untersuchen (d.h. funktionale Verhaltensanalyse). Betonen Sie die persönliche Entscheidungsfreiheit und Kontrolle des Klienten und wiederholen Sie, dass es immer seine Entscheidung bleibt, ob er etwas zu seinem Alkoholkonsum unternehmen möchte oder nicht.

3.3.7 Hausaufgaben

Einige Klienten kommen mit einer größeren Veränderungsbereitschaft zur Behandlung als andere. Bei diesen Klienten ist die Phase 1 meist kürzer. Manchmal können Klienten kaum warten, bis es „richtig losgeht", während Sie die Verfahren von Phase 1 und 2 durchführen.

Ein Weg, mit der Ungeduld umzugehen, ist die Erteilung von Hausaufgaben. Manchmal schon am Ende der 2. oder sogar der 1. Sitzung, aber bitte nur, wenn Sie ziemlich sicher sind, dass der Klient dazu bereit ist. Die Hausaufgabe sollte mit einem der ASP-Module übereinstimmen, Sie haben hier aber auch einen beträchtlichen Spielraum. Sie könnten dem Klienten beispielsweise anbieten, eine Selbsthilfegruppe zu besuchen oder eine angenehme, alkoholfreie Unternehmung auszuprobieren. Es wäre auch möglich, den Klienten mit dem Stimmungsmonitoring beginnen zu lassen. Wählen Sie eine Aufgabe aus, die sich mit den möglichen Behandlungszielen deckt. Grundlage sind die Informationen, die Sie bereits über den Klienten haben. Die WP kann an dieser Aufgabe teilnehmen. Es ist häufig der geeignete Zeitpunkt, eine WP-Unterstützung zu initiieren.

Wie bei jeder Aufgabenstellung sollten Sie die Aufgabe gleich zu Beginn der nächsten Sitzung durchgehen. So vermitteln Sie dem Klienten, dass Sie seine Bemühungen und Fortschritte zwischen den Sitzungen als wichtig erachten.

4 Phase 2: Erstellen des Veränderungsplans

Nun verschiebt sich der Fokus vom **Warum** (Motivationsaufbau) zum **Wie** (Veränderungsplan). In Phase 2 leiten Sie den Klienten durch einen strukturierten Prozess (s. Abb. 4.1), der relativ schnell zu einem Veränderungsplan führt, den der Klient als seinen Plan annehmen kann. Im Verlauf dieses Prozesses dient das Arbeitsblatt „Mögliche Themen" als Dokumentations- und Entscheidungshilfe (s. Arbeitsblatt 9 in Anhang A).

Wann immer Sie ein mögliches Thema für den Veränderungsplan identifiziert haben, sollte der Klient es auf dem Arbeitsblatt festhalten. Das Arbeitsblatt hat keine Linien, sondern Blasen, damit durch das Auflisten keine vorzeitige Prioritätenbildung stattfindet. Achten Sie darauf, dass mindestens eine

Blase leer bleibt. Im Verlauf dieses Prozesses werden Sie dem Klienten die Teilnahme an Selbsthilfegruppen vorschlagen und, falls er dafür offen ist, in die leere Blase eintragen.

Erkunden Sie zuerst, wie sich der Klient eine erfolgreiche Veränderung vorstellt. Tut er sich schwer, über konkrete Veränderungen zu reden, verschieben Sie den Fokus ins Hypothetische:

▲ *Wenn Sie etwas an Ihrem Trinkverhalten ändern würden, was würden Sie dann tun?*
▲ *Was würde Ihnen helfen, den Alkohol aufzugeben, falls Sie sich dafür entscheiden würden?*

Antworten Sie auch hier mit Reflexionen und einer Zusammenfassung.

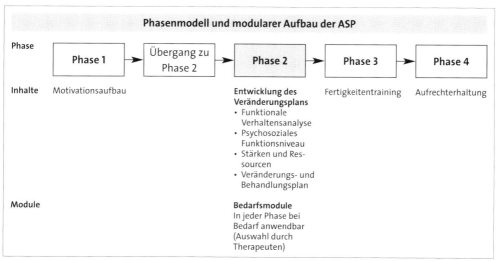

Abb. 4.1: Phasenmodell und modularer Aufbau der ASP – Phase 2

4.1 Funktionale Verhaltensanalyse

Bei der funktionalen Verhaltensanalyse des Alkoholkonsums geht es darum, typische Auslöser und Auswirkungen des Trinkverhaltens zu ermitteln. Beziehen Sie auch die WP, falls anwesend, in den Prozess mit ein.

Auslöser

Helfen Sie dem Klienten mittels motivierender Gesprächsführung, die für ihn typischen Auslösesituationen für seinen Alkoholkonsum zu eruieren und in die Auslöser-Spalte des Arbeitsblattes einzutragen (s. Arbeitsblatt 6 in Anhang A). Verwenden Sie in Ihren Aussagen die Vergangenheitsform, weil Präsens und Futur gegenwärtig abstinente Klienten beunruhigen könnten. Nehmen Sie sich genügend Zeit, um alle typischen Auslöser zu erfassen.

Wirkungen

Ermitteln Sie nun die erwünschten Wirkungen des Alkoholkonsums. Es geht um die vom Klienten wahrgenommenen oder erwarteten Alkoholwirkungen, die nicht unbedingt den nachgewiesenen Wirkungen von Alkohol zu entsprechen brauchen. Es geht nicht darum, die Vorstellungen des Klienten zu „korrigieren".

Widerstand des Klienten

Fällt es dem Klienten schwer, über positive Wirkungen des Alkohols zu berichten, haben sich 2 Techniken als hilfreich erwiesen:

Normalisieren bedeutet, dass Sie z.B. sagen: *Für jeden, der trinkt, gibt es etwas, was er am Alkohol mag. Es gibt natürlich auch die negative Seite, aber es würde uns helfen zu verstehen, was für Sie persönlich positiv am Alkohol war.*

Distanzieren führt den Klienten kognitiv vom Thema Alkoholkonsum weg, z.B.: *Natürlich trinken Sie momentan nicht, und das wollen Sie auch beibehalten. Wir reden über die Vergangenheit. Es ist vielleicht etwas unange-* *nehm, daran zu denken, aber ich glaube, Sie würden in Kürze erkennen, wie hilfreich das für Ihren Erfolg sein kann.*

Verbindungen

Wählen Sie einen Eintrag aus der Auslöser-Spalte und einen aus der Wirkungen-Spalte (s. Arbeitsblatt 6 in Anhang A), die klar miteinander in Verbindung stehen, und bitten Sie den Klienten, diese mit einem Strich zu verbinden. Fordern Sie den Klienten auf, Verbindungslinien von den Auslösern zu den dazugehörigen Wirkungen zu ziehen.

Neue Wege

Stellen Sie als nächsten Schritt das Konzept vor, Alkohol als einen Weg zu betrachten, um in typischen Auslösesituationen die erwünschten Wirkungen zu erreichen. In der Therapie geht es nun darum, neue Wege, d.h. Alternativen ohne Alkohol, zu finden:

In den meisten Fällen sind die erwünschten Wirkungen, wie z.B. Entspannung, Fröhlichkeit, Bettschwere, Gelassenheit etc., durchaus positiv und in den dazugehörigen Auslösesituationen als wünschenswert anzustreben. Alkohol war in der Vergangenheit ein schneller Weg, um dorthin zu gelangen. Aber der alte Weg ist jetzt zu gefährlich geworden, voll mit Schlaglöchern, Hindernissen und Abgründen. Die Herausforderung ist nun, neue Wege zu finden, um von hier (Auslöser) nach dort (Wirkungen) zu gelangen. Was fällt Ihnen dazu ein?

Fragen Sie den Klienten, ob diese Ideen als mögliche Themen für den Veränderungsplan auf dem Arbeitsblatt (s. Arbeitsblatt 9 in Anhang A) festgehalten werden sollen.

Abstinenzorientierte funktionale Verhaltensanalyse

Da fast alle Menschen positive Erlebnisse haben, die nicht mit Alkohol in Verbindung stehen, führen Sie nun eine funktionale Verhaltensanalyse durch, um diese Erlebnisse zu explorieren. Ziel ist es, dem Klienten zu vermitteln, dass er schon positive Erfahrungen und Erfolge ohne Alkohol hatte. Im besten Fall werden Sie 2 Ziele erreichen:

1. Die Selbstwirksamkeitserwartung des Klienten wird gefördert, da er sich ganz konkrete Beispiele von alkoholfreien positiven Erlebnissen und Erfahrungen ins Gedächtnis gerufen hat.

2. Sie erhalten konkrete Hinweise auf alkoholfreie positive Verstärker, die in der Vergangenheit wirksam waren und möglicherweise in der ASP reaktiviert werden können.

Im Folgenden einige offene Fragen, um diesen Prozess anzuregen:

◢ *Wie ging es Ihnen ohne Alkohol?*
◢ *Was konnten Sie genießen, das nicht mit Alkohol zu tun hatte?*
◢ *Wann hatten Sie am meisten Spaß ohne Alkohol?*

Fragen Sie nach konkreten und spezifischen Situationen. Verstärken Sie positive Bemerkungen durch gezieltes Reflektieren.

4.2 Psychosoziales Funktionsniveau

Alkoholprobleme treten nicht isoliert auf, sie sind in Lebensbereiche eingebettet. Die ASP stellt nicht allein das Trinken in den Mittelpunkt, sondern thematisiert auch andere Probleme, die damit verbunden sind. Klienten reagieren in der Regel positiv darauf zu erfahren, dass Sie an deren allgemeinen Wohlbefinden und nicht nur am Trinkverhalten interessiert sind.

Auf dem Arbeitsblatt „Persönliche Zufriedenheit" finden Sie 20 Lebensbereiche, die Sie zwischen 1 (total unzufrieden oder unglücklich) und 10 (absolut glücklich und zufrieden) beurteilen sollen. Wenn ein Bereich für Sie irrelevant ist, können Sie „Nicht zutreffend" ankreuzen.

Falls anwesend, beziehen Sie auch die WP in den Prozess mit ein. Warten Sie, bis

der Klient das Arbeitsblatt ausgefüllt hat (s. Arbeitsblatt 7 in Anhang A), nehmen Sie es zurück und vergewissern Sie sich, dass kein Item ausgelassen wurde.

4.2.1 Karten sortieren

Die Vorlage für das Kartenset „Persönliche Zufriedenheit" (s. Arbeitsblatt 8 in Anhang A) sollte kopiert und in einzelne Karten geschnitten werden. Vergewissern Sie sich immer, dass Sie mit einem kompletten Kartensatz (20 Karten) arbeiten. Sortieren Sie die Karten in nummerischer Reihenfolge (Nummerierung in der unteren rechten Ecke) von PZ 1 bis PZ 20. Geben Sie Ihrem Klienten die vorsortierten Karten.

Auf den Karten sind die Lebensbereiche, die Sie schon vom Arbeitsblatt „Persönliche Zufriedenheit" (s. Arbeitsblatt 7 in Anhang A) kennen. Bitte sortieren Sie die Karten in 2 Stapel. Auf den einen Stapel legen Sie die Karten, die wenigstens zum Teil mit Ihrem Alkoholkonsum in Beziehung stehen. (Legen Sie die Ja-Karte vor den Klienten.) Es ist egal, ob die Beziehung gut, schlecht oder neutral ist. Alles was Sie tun sollen, ist zu überlegen, ob es irgendeine Verbindung zwischen Ihrem Alkoholkonsum und diesem Lebensbereich gibt. Sehen Sie keinerlei Verbindung zwischen beidem, legen Sie die Karte bitte hierhin. (Legen Sie die Nein-Karte neben die Ja-Karte.)

Während der Klient die Karten ablegt, können Sie bereits die Kartennummern vom Ja-Stapel in der Verbindungs-Spalte des Arbeitsblattes „Persönliche Zufriedenheit" (s. Arbeitsblatt 7 in Anhang A) ankreuzen. Nehmen Sie nun die Karten zurück, mischen diese und geben Sie dem Klienten wieder den kompletten Kartensatz.

Nun möchte ich Sie bitten zu überlegen, in welchen Bereichen Sie sich eine Veränderung wünschen oder wo eine Veränderung wichtig ist. Legen Sie die Karten bitte wieder in 2 Stapeln ab. Legen Sie diejenigen Bereiche, in denen Sie sich eine Veränderung wünschen, auf den Ja-Stapel. Wo keine Veränderung wichtig ist, legen Sie die Karte bitte auf den Nein-Stapel.

Markieren Sie die Ja-Karten diesmal in der Veränderungs-Spalte (s. Arbeitsblatt 7 in Anhang A). Ist eine WP anwesend, beziehen Sie sie in den Prozess mit ein. Hat die WP Vorschläge? Gibt es Übereinstimmungen, welche Problembereiche mit dem Alkoholkonsum in Verbindung stehen und welche nicht? Markieren Sie die zusätzlichen Bereiche allerdings nur, wenn der **Klient** zustimmt.

4.2.2 Besprechung des Arbeitsblattes „Persönliche Zufriedenheit"

Auf dem Arbeitsblatt „Persönliche Zufriedenheit" (s. Arbeitsblatt 7 in Anhang A) befinden sich nun 3 Informationen für jeden psychosozialen Funktionsbereich:

◢ Einschätzung des Klienten hinsichtlich seiner Zufriedenheit mit dem Bereich
◢ Beurteilung des Klienten, ob der Bereich mit Alkohol in Verbindung steht
◢ Beurteilung, ob eine Veränderung dieses Bereiches wichtig ist oder nicht

Stellen Sie eine oder mehrere der im Folgenden aufgeführten Fragen für jeden Bereich, der in der Veränderungs-Spalte mit Ja markiert ist. Beginnen Sie mit dem Bereich, den der Klient mit der größten Unzufriedenheit bewertet hat. Achten Sie besonders auf eine selbstmotivierende Sprache bei den Aspekten Problembewusstsein, Sorgen, Veränderungsnotwendigkeit, Veränderungsbereitschaft und Optimismus (Gelingen einer Veränderung) und reflektieren Sie diese. Stellen Sie nie mehr als 2 Fragen hintereinander, ohne dass Sie dazwischen reflektieren. Untersuchen Sie die in der Veränderungs-Spalte aufgeführten Lebensbereiche, bis jeder zumindest knapp diskutiert wurde.

Einige Beispiele für mögliche Fragen:

◢ *Warum ist hier eine Veränderung für Sie so wichtig?*
◢ *Hier scheinen Sie ziemlich unzufrieden zu sein. Was sollte in diesem Bereich besser sein?*
◢ *Wenn die Dinge so laufen würden, wie Sie es sich wünschen, was wäre denn anders?*
◢ *Was wäre der 1. Schritt zu einer Veränderung?*
◢ *Wie steht das Gebiet mit Ihrem Alkoholkonsum in Verbindung?*

Es kann auch Bereiche geben, die der Klient mit seinem Trinkverhalten verbindet, jedoch nicht als veränderungsbedürftig ansieht oder mit denen er nicht unzufrieden ist. Befragen Sie ihn auch hier. Denken Sie auch daran, dass ein Lebensbereich als aufrechterhaltender Faktor zum fortgesetzten Alkoholkonsum beitragen kann, selbst wenn er kein eigenständiges Problem darstellt oder wenn er keine Unzufriedenheit erzeugt. Der Klient ist sich dessen vielleicht nicht bewusst. Er ist vielleicht sehr zufrieden mit einer Beziehung, obwohl der Partner eher den Alkoholkonsum als die Abstinenz unterstützt. Lenken Sie den Bewusstwerdungsprozess durch geschickte Anwendung der MI-Strategien.

Ziel ist es, dem Klienten zu helfen, sich seiner Gedanken und Gefühle bewusst zu werden, Diskrepanzen zu entwickeln und zu erleben. Zeigt ein Klient wenig oder gar keinen Wunsch nach Veränderungen in einem Lebensbereich, akzeptieren und reflektieren Sie es und fahren Sie fort.

4.2.3 Zusammenfassung

Wenn Sie alle Lebensbereiche besprochen haben, schließen Sie mit einer zusammenfassenden Reflexion des Gesagten ab. Nutzen Sie das Arbeitsblatt als Gedächtnisstütze.

Welche von den Bereichen, die wir diskutiert haben, möchten Sie als mögliche Themen für eine Veränderung angehen?

Lassen Sie den Klienten die genannten Bereiche in das Arbeitsblatt „Mögliche Themen" eintragen (s. Arbeitsblatt 9 in Anhang A).

4.3 Stärken und Ressourcen

Alle Klienten haben persönliche Stärken und Ressourcen. Sie zu identifizieren, kann für die Umsetzung des Veränderungsplans sehr hilfreich sein:

◢ Da der Fokus bisher eher problem- und defizitorientiert war, wird das Bild nun etwas ausbalanciert.

◢ Die Zuversicht und Selbstverpflichtung werden gefördert.

◢ Phase 2 wird mit einer positiven Note beendet.

◢ Die Stärken und Ressourcen des Klienten zu kennen, kann in Phase 3 nützlich sein.

Im Mittelpunkt stehen die positiven Eigenschaften und Stärken des Klienten, die während des Veränderungsprozesses als Ressourcen genutzt werden könnten. Zugleich ist es eine hervorragende Gelegenheit, Stärken, die Sie beim Klient erkannt haben, zu benennen und zu bestätigen. Es geht um stabile, interne positive Merkmale Ihres Klienten. Reflektieren und verstärken Sie sie, sobald Sie solche wahrnehmen. Auch hier sollten Sie die WP in den Prozess integrieren.

Beispiele:

◢ *Jetzt haben wir uns schon eine ganze Weile über Veränderungen unterhalten. Bevor wir einen konkreten Plan für die Umsetzung aufstellen, möchte ich Sie noch gern fragen, welche persönlichen Stärken und Eigenschaften Sie haben, die Ihnen helfen werden, Veränderungen umzusetzen?*

◢ *Was hat Ihnen früher geholfen, Ihre Prioritäten zu erreichen?*

◢ *Wonach ich frage, sind einige Ihrer persönlichen Stärken.*

◢ *Was sind Ihre starken Seiten, die Ihnen helfen, Veränderungen zu meistern?*

Fragen Sie nach Beispielen. Fahren Sie dann mit *Was noch?* fort und bieten zwischendurch immer wieder Reflexionen an, bis Sie eine Reihe von Stärken gesammelt haben. Nachdem Sie eine angemessene Liste von Stärken zusammengetragen haben, bieten Sie eine zusammenfassende Reflexion an und gehen zu den externen Ressourcen über.

◢ *Neben Ihren persönlichen Stärken, gibt es da auch Personen, die Sie bei den Veränderungen unterstützen und Ihnen helfen könnten?*

◢ *Welche anderen Ressourcen stehen Ihnen noch zur Verfügung?*

4.4 Veränderungsplan

Üblicherweise umfasst ein Veränderungsplan mehr Themen, als in der ASP bearbeitet werden können. Der Veränderungsplan sollte als umfassender Plan angesehen werden, der einige von Therapeut und Klient gemeinsam bearbeitete Schwerpunkte enthält, aber auch Bereiche aufführt, die vom Klienten allein oder mit der Unterstützung anderer bearbeitet werden. Es ist wichtig, darauf zu achten, dass dies dem Klienten klar vermittelt wird, da sonst später der Eindruck entstehen könnte, ihm sei etwas versprochen worden, was nicht eingelöst wird.

Überleitende strukturierende Aussage

Da Sie jetzt zu einem neuen Schwerpunkt wechseln, ist es wieder sinnvoll, eine überleitende strukturierende Aussage anzubieten.

Mögliche Themen

Die Themenbereiche, die während der funktionalen Verhaltensanalyse und der Erfassung der psychosozialen Funktionsbereiche zusammengetragen wurden und Fokus der Therapie sein könnten, hat der Klient in die Blasen des Arbeitsblattes „Mögliche Themen" (s. Arbeitsblatt 9 in Anhang A) eingetragen. Mindestens eine Blase sollte noch leer sein.

Teilnahme an Selbsthilfegruppen

Für viele Betroffenen ist die Teilnahme an Selbsthilfegruppen eine effektive Behandlungsoption. Nun ist ein guter Zeitpunkt, das Thema anzusprechen. Beachten Sie, welche Aussagen der Klient zu Selbsthilfegruppen macht und reflektieren Sie. Ermutigen Sie ihn, verschiedene Gruppen auszuprobieren. Beschreiben Sie die unterschiedlichen Gruppen in Ihrer Umgebung.

Bedrängen Sie den Klienten nicht. Signalisiert er jedoch eine gewisse Bereitschaft für einen Besuch von Selbsthilfegruppen, tragen Sie den Punkt in die leere Blase ein. Zeigt er sich eher zögernd, bitten Sie ihn, sich Gedanken darüber zu machen, und verschieben Sie eine Entscheidung. Greifen Sie den Punkt in Phase 3 noch einmal auf.

Prioritäten setzen

Bei diesem Schritt helfen Sie dem Klienten, eine Zielhierarchie zu entwickeln. Beginnen Sie damit aber nur, wenn noch wenigstens 15 min Sitzungszeit verbleiben. Andernfalls ist es ein guter Zeitpunkt, die Sitzung mit einer Zusammenfassung zu beenden. Weisen Sie darauf hin, dass Sie den Veränderungsplan in der nächsten Sitzung ausarbeiten werden. Sie sollte so bald wie möglich stattfinden, idealerweise noch innerhalb derselben Woche.

Denken Sie daran, es geht um die Prioritäten des **Klienten:**

◢ *Welches der Themen, die Sie gesammelt haben, erscheint Ihnen am wichtigsten, wenn es um Veränderung geht?*

◢ *Was sind Ihre Prioritäten?*

Bitten Sie den Klienten, die Blasen nach seinen Prioritäten zu nummerieren. Für den Schritt empfiehlt es sich, einen Bleistift zu nehmen, da sich die Reihenfolge erfahrungsgemäß mehrmals verändern kann. Versuchen Sie mindestens 3 Themen zu finden, die sich 3 unterschiedlichen Therapiemodulen zuordnen lassen.

Veränderungsplan erstellen

Die Erarbeitung eines spezifischen Veränderungsplans ist der letzte Schritt in Phase 2. Damit wird Phase 2 abgeschlossen. Das Arbeitsblatt „Veränderungsplan" (s. Arbeitsblatt 10 in Anhang A) ist in einem Format erstellt, das in der klinischen Praxis für problemorientierte Verfahren üblich ist. Der Plan wird in einem Prozess ausgehandelt und erstellt, in dem alle Themen nochmals aufgegriffen werden, die bisher zwischen Ihnen und dem Klienten diskutiert wurden.

Jede Zeile des Veränderungsplans wird dazu genutzt, ein Problem zu spezifizieren, das Gegenstand der Behandlung sein wird (oder in manchen Fällen eine Überweisung oder anderweitige Weiterbehandlung zur Folge hat). Die Zeilen sind fortlaufend durchnummeriert. Es kann ein Fortsetzungsbogen benutzt werden, falls mehr als 5 Problembereiche zusammengetragen wurden. Das Folgeblatt beginnt dann mit Nr. 6.

Jeder Veränderungsplan sollte mit dem Datum und den Unterschriften von Therapeut und Klient versehen werden. Der Plan kann (und wird oft) in einer späteren Behandlungsphase modifiziert. Die Revision soll dann auf einem neuen Arbeitsblatt durchgeführt und wieder von Therapeut und Klient unterschrieben und datiert werden. Die derartige Vorgehensweise soll dem Klienten helfen, ein Gefühl der Selbstverpflichtung zu entwickeln und zu festigen.

4.4.1 Fokus auf Abstinenz

An 1. Stelle im Veränderungsplan sollte immer der Alkoholkonsum stehen. Bei der ASP stellt der Alkoholkonsum das Hauptzielverhalten dar, das geändert werden soll. Es ist nicht das einzige Verhalten, dessen Veränderung angestrebt wird, aber immer das zentrale Veränderungsziel.

Befürworten Sie Abstinenz als Ziel. Jedem Klienten sollte ein einleuchtender Grund für eine Alkoholabstinenz unterbreitet werden. Es ist jedoch durchaus möglich, dass der Klient noch nicht zu einer völligen Abstinenz bereit ist. Lassen Sie sich dann nicht in Argumentationen verstricken. Erlauben Sie dem Klienten, sein Ziel selbst zu bestimmen. Behandlungsziele aufzuzwingen oder vorzuschreiben, ist mit den Prinzipien der motivierenden Gesprächsführung unvereinbar. Sie sollten jedoch die Vorteile einer Abstinenz klar herausstellen. Zusätzlich zur generellen Empfehlung der Vorteile von Abstinenz sollten Patienten informiert werden, dass kontrolliertes Trinken für Personen mit einer starken Alkoholabhängigkeit ein größeres Rückfallrisiko birgt.

Klienten, die sich nicht auf eine Diskussion über mittel- oder langfristige Abstinenz als Ziel einlassen wollen, stehen vielleicht Zwischenlösungen aufgeschlossener gegenüber, etwa eines Ausschleichens des Alkoholkonsums oder einer kurzfristigen (z.B. 3-monatigen) Probeabstinenz mit dem endgültigen Ziel der Abstinenz. Ermutigen Sie den Klienten, eine Probeabstinenz zu versuchen. Im Bedarfsmodul „Probeabstinenz" (s. Kap. 5.1) finden Sie hilfreiche Tipps. Entscheidet sich der Klient für kontrolliertes Trinken, helfen Sie ihm ganz genau zu beschreiben,

◢ wie sein kontrolliertes Trinken aussehen soll,
◢ wie er bemerken wird, dass er die Kontrolle verliert,
◢ welchen Notfallplan er hat, um einen Ausrutscher zu vermeiden bzw. um zu verhindern, dass ein Ausrutscher in einen Rückfall ausartet.

Fragen Sie den Klienten, was für ihn gute Gründe für eine Abstinenz wären. Es ist wichtig, mögliche Diskrepanzen zwischen dem ASP-Behandlungsziel (Abstinenz) und den Zielen des Klienten nicht aus den Augen zu verlieren.

In bestimmten Fällen haben Sie eine besondere Verantwortung: Bringen Sie Ihre Bedenken zur Sprache, falls ein Klient zum fortgesetzten Konsum tendiert (s.a. Bedarfsmodul „Bedenken äußern", Kap. 5.2). Das sollte in einer Art und Weise geschehen, die mit den Prinzipien der motivierenden Gesprächsführung vereinbar ist:

Es ist Ihre Entscheidung. Darf ich Ihnen dennoch meine Bedenken über die Alternative, die Sie erwägen, mitteilen?

Gründe, die einen Klienten dazu veranlassen sollten, mehr auf totale Abstinenz hinzuarbeiten, sind:
◢ Schwangerschaft
◢ medizinische Faktoren (wie etwa Lebererkrankungen), bei denen jeglicher Alkoholkonsum kontraindiziert ist
◢ psychische Probleme, die durch Alkohol verschlechtert werden könnten
◢ triftige externe Gründe, die Abstinenz erfordern (z.B. Bewährung, Beruf, Führerschein)
◢ Gebrauch oder Missbrauch von Medikamenten, deren Konsum in Kombination mit Alkohol gefährlich sein könnte

In jedem Fall sollte es Ihr Ziel sein, dass der Klient weiterhin an der Therapie teilnimmt. Denken Sie daran, dass es letztendlich der Klient ist, der seinen Kurs bestimmt, unabhängig von Ihren Empfehlungen. Eine unterschiedliche Sichtweise im Hinblick auf das beste Therapieziel ist kein Grund, die Therapie abzubrechen oder den Klienten dazu zu veranlassen, sie aufzugeben. Manche Klienten schaffen es, kontrolliertes und problemfreies Trinken beizubehalten. Bei ihnen ist eine fortgesetzte Therapieteilnahme mit besseren Therapieergebnissen verbunden. Auch unter Klienten, die anfänglich eine Abstinenz ablehnen, entscheiden sich später viele für die Abstinenz, die dann oft langfristig Bestand hat.

4.4.2 Ausfüllen des Veränderungsplans

Das Arbeitsblatt „Mögliche Themen" (s. Arbeitsblatt 9 im Anhang A) zeigt die Prioritäten des Klienten. Sie sollten jedoch nur nach beiderseitigem Einvernehmen zwischen Ihnen und dem Klienten in den Veränderungsplan eingetragen werden. Ein Thema sollte auch dann im Veränderungsplan auftauchen, wenn es nicht direkter Bestandteil der Behandlung ist. Wenn z.B. finanzielle Schwierigkeiten für den Klienten ein ernst zu nehmendes Problem darstellen, könnte der Plan eine Überweisung an eine Schuldnerberatung enthalten.

Für jeden Problembereich (Zeile) sollen 3 Angaben spezifiziert werden (s. Arbeitsblatt 10 im Anhang A):

1. Was der Klient verändern will.
2. Danach gehen Sie dazu über, die Ziele so konkret zu beschreiben, dass sie beobachtbar und messbar werden. Es ist empfehlenswert, die Beschreibungen eher positiv (werde beginnen, steigern, verbessern, etwas mehr tun) als negativ zu formulieren (stoppen, vermeiden, Verhaltensweisen einschränken).
3. Die 3. Spalte führt aus, wie die festgelegten Ziele zu erreichen sind, z.B. durch Anwendung spezifischer ASP-Module, die Sie in Phase 3 bearbeiten werden. Auch Verhaltensänderungen, die der Klient außerhalb der Behandlungssitzungen umsetzen kann, etwa die Teilnahme an Treffen der AA, werden hier eingetragen. Es sollte klar festgelegt werden, ob dieses Ziel in den Sitzungen oder mit einer anderen Stelle (Sozialamt, psychosoziale Beratungsstelle etc.) bearbeitet wird.

Der Plan sollte so formuliert werden, dass eindeutig zu überprüfen ist, ob er ausgeführt wurde. Weiterhin sollte ein vorläufiges Zieldatum für jedes Ziel angegeben werden: **Wann** sollten die Vorhaben erledigt werden? Die Dokumentation über den Fortschritt der Behandlung sollte sich auf die hier festgelegten Probleme, Ziele und Pläne beziehen.

4.4.3 Konsolidierung der Selbstverpflichtung

Nach dem Erstellen des Veränderungsplans sollte die Selbstverpflichtung des Klienten in den Mittelpunkt rücken. Der Klient soll sich verbal verpflichten, die geplanten Schritte zur notwendigen Veränderung umzusetzen. Dafür eignet sich eine Schlüsselfrage, die wie folgt lauten kann:

- *Sind Sie bereit, den Veränderungsplan umzusetzen?*
- *Beschreibt der Veränderungsplan, was Sie tun wollen?*

Falls der Klient mit *Ja* antwortet, ist es ein guter Zeitpunkt, den Plan gemeinsam zu unterzeichnen. Achten Sie darauf, die Entscheidung, Intention, Bemühung etc. des Klienten zu bestätigen.

Einige Klienten sind nicht bereit, sich zu Veränderungszielen zu verpflichten. In Fällen, in denen ein Klient zur schriftlichen oder verbalen Selbstverpflichtung ambivalent oder zögerlich bleibt, bieten Sie eine Zusammenfassung an. Sie kann eine Wiederholung der Besorgnisse sein, die in Phase 1 aufgedeckt wurden, sowie neue Informationen enthalten, die in Phase 2 aufgedeckt wurden. Betonen Sie die SMS des Klienten, die Rolle der WP, die Pläne des Klienten für eine Verhaltensänderung, die Ziele der Behandlung, die erwarteten Ergebnisse einer Veränderung sowie die Konsequenzen, falls sich der Klient gegen eine Veränderung entscheidet. Nutzen Sie die Arbeitsblätter „Persönliche Zufriedenheit", „Mögliche Themen" sowie „Veränderungsplan" als Leitlinien (s. Arbeitsblätter 7, 9 und 10 in Anhang A).

Wenn der Klient Änderungen oder zusätzliche Punkte anbietet, reflektieren Sie diese und bauen Sie die Punkte in Ihre Zusammenfassung ein. Vermerken Sie die Punkte ggf. auch im Veränderungsplan. Wiederholen Sie die Schlüsselfrage.

Zeigt sich der Klient immer noch zögerlich zu einer Selbstverpflichtung, verschieben sie die Entscheidung auf einen späteren Moment. Vereinbaren Sie einen bestimmten Zeitpunkt (z.B. in der nächsten Sitzung) zur Neubewertung und Klärung der Entscheidung. Erlaubt man dem Klienten, eine Entscheidung zu verschieben, besteht die von Studien gestützte Hoffnung, dass der Lauf der Zeit den Motivationsprozess positiv beeinflusst. Eine derartige Flexibilität gibt dem Klienten die Gelegenheit, die potenziellen Konsequenzen einer Veränderung zu explorieren und sich auf die Handhabung der Konsequenzen vorzubereiten. Andernfalls kann sich der Klient möglicherweise zur Selbstverpflichtung gedrängt fühlen, bevor er zu handeln bereit ist. In solchen Fällen würde er sich vielleicht vorzeitig aus der Behandlung zurückziehen, um sein Gesicht nicht dadurch zu verlieren, dass er keine Selbstverpflichtung eingehen kann. Folgende Aussage kann hilfreich sein:

Das hört sich so an, als ob Sie wirklich noch nicht ganz zu einer Entscheidung bereit sind. Es ist verständlich, dass es eine schwierige Entscheidung für Sie ist. Es ist vielleicht besser, die Dinge nicht zu übereilen und nicht sofort eine Entscheidung zu treffen. Möchten Sie bis zur nächsten Sitzung noch einmal über die Vor- und Nachteile einer Veränderung nachdenken? Wir können das Ganze beim nächsten Mal dann noch einmal gemeinsam durchsprechen. Wäre das in Ordnung?

Auf diese Weise können Sie Ihre Akzeptanz und Ihr Verständnis zur ambivalenten Haltung des Klienten ausdrücken und seine persönliche Autonomie betonen. Sie können anschließend mit der Sitzung fortfahren und fragen, ob der Klient damit einverstanden ist, zumindest ein Modul aus Phase 3 zu bearbeiten. Es kann als provisorisches Ziel beschrieben werden, *zunächst an Inhalten zu arbeiten, die sinnvoll sein könnten, falls Sie sich später entscheiden, eine Veränderung Ihres Trinkverhaltens vorzunehmen.* Bevor Sie jedoch ganz in die Phase 3 einsteigen, empfiehlt sich, eine solche Übereinkunft zu formalisieren und zumindest einen provisorischen Veränderungsplan zu unterzeichnen.

5　Bedarfsmodule

Überblick

Die 5 Module dieses Abschnitts können bei Bedarf jederzeit angewandt werden. Verwenden Sie dazu auch die Therapeuten-Checklisten (s. Therapeuten-Checklisten 5–9 in Anhang B). Es wird natürlich auch Klienten geben, die keine dieser Interventionen benötigen.

Modul 1: Probeabstinenz (PA)

Wenn Ihr Klient zurzeit noch trinkt bzw. keine eindeutige Abstinenzentscheidung getroffen hat.

Modul 2: Bedenken äußern (BÄ)

Wenn sich Ihre Ziele oder Vorstellungen, was für den Klienten hilfreich ist, von den Vorstellungen des Klienten unterscheiden oder wenn Sie aus anderen Gründen um das Wohl Ihres Klienten besorgt sind.

Modul 3: Ausrutscher (AUA)

Falls ein bislang abstinenter Klient berichtet, dass er seit der letzten Sitzung wieder Alkohol konsumiert hat.

Modul 4: Medikamenten-Compliance (MC)

Wenn der Klient den Wunsch oder die Absicht äußert, begleitende Medikamente abzusetzen, oder wenn er dies bereits getan hat.

Modul 5: Case-Management (CM)

Falls ein Klient Hilfe benötigt, die innerhalb der ASP nicht verfügbar ist, diese jedoch von Dritten (z.B. von Geistlichen, Haushaltshilfe, Familientherapie, Schuldnerberatung, Kinderbetreuung etc.) erbracht werden kann.

5.1　Probeabstinenz

Die Probeabstinenz (PA) soll ein 1. Schritt auf dem Weg zu einer langfristigen Abstinenz sein. Ziel der Probeabstinenz ist, die Wertigkeit von Abstinenz beim Klienten zu steigern. Die Betonung sollte auf Gründen liegen, die dem **Klienten** als wichtig erscheinen. Selbst eine kurze erfolgreiche Abstinenzperiode erhöht die Wahrscheinlichkeit, eine längere Abstinenz aufzubauen.

Forschungsergebnisse belegen, dass bis zu 20% der Patienten, die im Verlauf ihrer Behandlung noch Alkohol konsumieren, 15 Monate nach Ende der Behandlung eine stabile Abstinenz erreichen. Die Ergebnisse bei Patienten, die schon während der Behandlung abstinent waren, sind fast doppelt so hoch. Ein Grund dafür könnte sein, dass sich die kognitive Leistungsfähigkeit durch die Abstinenz verbessert. Das ist besonders bei einer kognitiven Verhaltenstherapie wichtig, die darauf zielt, die intellektuellen Ressourcen einer Person zu mobilisieren und zu steigern.

5.1.1　Vorsicht!

Plötzliches Absetzen von Alkohol kann zu lebensgefährlichen Entzugserscheinungen wie Delir und Krampfanfällen führen. Grundsätzlich sollte das Absetzen von chronischem und hoch dosiertem Alkoholkonsum (Entgiftung) nur unter medizinischer Obhut geschehen. Eine Entgiftung kann sowohl stationär, teilstationär als auch ambulant durchgeführt werden, der begleitende Arzt sollte jedoch über die notwendige Qualifikation und ausreichende Erfahrung verfügen. Ausführliche Informationen hierzu finden Sie im Manual zur Pharmako- und Psychotherapie [Mann et al. 2006].

5.1.2 Durchführung

Der 1. Schritt ist, den Klienten zu motivieren, eine Abstinenz auszuprobieren. Wenden Sie dafür die in Phasen 1 und 2 beschriebenen Strategien an. Im Folgenden einige Punkte, die für den Klienten interessant sein könnten:

◢ *Sie könnten einfach mal sehen, wie es ist, nüchtern zu sein.*

◢ *Die Fähigkeiten zu denken, sich zu erinnern und Neues zu lernen verbessert sich oft deutlich nach 1–2 Monaten Abstinenz.*

◢ *Auf lange Sicht sind Menschen, die abstinent sind, erfolgreicher im Überwinden ihres Alkoholproblems.*

◢ *Eine Abstinenz könnte Ihnen und anderen zeigen, dass Sie es mit der Veränderung ernst meinen, dass Sie motiviert sind und an Ihren Problemen arbeiten.*

◢ *Für eine gewisse Zeit ein Leben ohne Alkohol zu führen, hilft Ihnen dabei, sich klar zu werden, wie es zur Abhängigkeit gekommen ist. Sie könnten dabei sicher etwas über sich selbst lernen.*

◢ *Oft klären sich auch andere Probleme in der Abstinenz wie von selbst. Man fühlt sich energievoller und weniger depressiv. Beziehungen können sich auch verbessern. Natürlich regelt sich dadurch nicht alles, aber es wäre ein guter Anfang.*

Schließen Sie diesen Prozess mit einer Reflexion ab, die alle möglichen Vorteile einer Probeabstinenz zusammenfasst. Verstärken Sie alle Gründe, die der Klient geäußert hat.

Fragen Sie Ihren Klienten als Nächstes direkt, ob er bereit ist, eine Probeabstinenz auszuprobieren. Ist er bereit, die Möglichkeit zumindest zu erwägen, besprechen Sie:

1. **Wie lange?** Fragen Sie ihn, was er für eine vernünftige Zeitspanne für eine Probeabstinenz ansieht. (Wir empfehlen einen Monat als Ziel.) Für viele Klienten ist ein Monat akzeptabel. Einige werden sogar längere Fristen vorschlagen. Andere werden eine Zeitspanne von einem Monat ablehnen, sich aber auf eine kürzere Zeitspanne einlassen.

2. **Wann beginnen?** Klären Sie als Nächstes ein konkretes Anfangsdatum für die Probeabstinenz. Natürlich ist es am besten, sofort zu beginnen. Einige Klienten werden jedoch auf ein Datum in der Zukunft bestehen. Anstatt zu argumentieren oder das Thema zu vermeiden, sollten Sie bemüht sein, die Gründe hierfür gemeinsam mit dem Klienten zu erforschen. Es kann die Selbstverpflichtung des Klienten erhöhen und dadurch eine Ausgangsbasis zur Erlangung und Aufrechterhaltung von Abstinenz gelegt werden. Wesentlich ist, ein konkretes Datum für den Beginn der Abstinenz zu wählen.

3. **Wie durchführen?** Erarbeiten Sie einen Plan, wie der Entschluss umgesetzt wird. Termin beim Hausarzt, Facharzt, Suchtambulanz, internistische Abteilung eines Krankenhauses, Fachklinik oder psychiatrische Klinik? [s.a. Mann et al., 2006]

4. **Was könnte schiefgehen?** Fragen Sie im nächsten Schritt, wie zuversichtlich er ist, für die gewählte Zeitspanne abstinent bleiben zu können. Sprechen Sie mögliche Probleme und Hindernisse an. Machen Sie den Klienten auf riskante Situationen oder Auslöser aufmerksam. Entsorgung von Alkoholvorräten, anstehende Termine, bei denen Alkoholkonsum wahrscheinlich ist, alternative soziale und Freizeitaktivitäten etc. sind einige der Themen, die besprochen werden sollten. Regen Sie ihn an, in der Vergangenheit schon erfolgreiche Bewältigungsstra-

tegien zu beschreiben. Ermutigen Sie ihn, neue Lösungsvorschläge zu entwickeln und einen speziellen Aktionsplan zu erarbeiten.

5. **Was ist der Notfallplan?** Helfen Sie dem Klienten, einen konkreten Notfallplan zu erstellen. Was wird er tun, wenn starkes Alkoholverlangen auftritt? Was geschieht, falls er einen Ausrutscher hat?

6. **Zusätzliche Sitzungen.** Das Vermeiden riskanter Situationen ist eine Strategie, die sich besonders im Frühstadium der Abstinenz bewährt hat. Gelegentlich ist das jedoch nicht möglich. In solchen Fällen ist es hilfreich, eine zusätzliche Sitzung innerhalb der gleichen Woche durchzuführen. Wenn möglich, legen Sie die Sitzung so, dass sie direkt vor (Vorbereitung) oder nach (Nachbesprechung) der kritischen Situation stattfindet. Konzentrieren Sie sich bei vorbereitenden Sitzungen auf Strategien zur Einhaltung der Abstinenz. Besprechen Sie dann in den Folgesitzungen, wie der Klient die schwierigen Situationen gemeistert hat und loben Sie alle seine Bemühungen, egal wie sie ausgegangen sind. Die erfolgreiche Bewältigung einer solchen Situation kann einen wichtigen Auftrieb der Selbstwirksamkeit und Motivation zur weiteren Veränderung darstellen, speziell im Frühstadium der Behandlung.

5.1.3 Widerständige Klienten

Einige Klienten sträuben sich gegen jede Probeabstinenz. Vermeiden Sie immer eine direkte Konfrontation oder Argumentation über die Ablehnung eines Abstinenzplans. Konfrontationen sind meistens kontraproduktiv und führen häufig zu erhöhtem Widerstand oder einem vorzeitigen Therapieabbruch. Verschieben Sie stattdessen die Entscheidung zur Probeabstinenz und fahren Sie mit motivierenden Strategien fort.

Nichtkonfrontative Strategien führen bei eingangs widerständigen und unkooperativen Klienten häufig zu einer kooperativen Atmosphäre.

5.2 Bedenken äußern

Kommen Ihnen Bedenken bei einem vom Klienten geäußerten Ziel oder Plan, sollte das Modul BÄ eingesetzt werden. Im Folgenden einige Beispiele möglicher Situationen:

◢ Ihr Klient hat eine lange Vorgeschichte von Alkoholabhängigkeit, möchte aber lediglich den Alkoholkonsum reduzieren, anstatt ganz damit aufzuhören. Sie haben Bedenken und glauben, dass dies ein unrealistischer Plan ist und Abstinenz ein sichereres Ziel wäre.

◢ Ihr Klient war bereits einige Monate abstinent. Er teilt Ihnen nun mit, dass er seine alte Kneipe besuchen will, um einige Freunde zu treffen, die er vermisst hat. Sie machen sich Sorgen, dass der Besuch zu einem Rückfall führen könnte.

◢ Ihr Klient berichtet, dass er nach 6 Bier mit dem Auto nach Hause gefahren ist. Er ist sich nicht bewusst, dass seine Handlung gefährlich und gesetzwidrig ist. Sie machen sich Sorgen um die Sicherheit des Klienten und anderer Verkehrsteilnehmer.

Wie sollen Sie reagieren?
Passive Strategien, wie zu schweigen oder Ihre Bedenken indirekt und gemäßigt auszudrücken, sind ineffektiv, da Ihre legitimen Bedenken nicht klar vermittelt werden. Aggressivere Strategien, wie Belehren, Warnen oder den Klienten beschämen, lösen häufig Widerstand aus und bewegen den Klienten eher dazu, noch stärker an seinem Plan festzuhalten. Empfehlenswert ist ein Mittelweg zwischen den beiden Extremen. Ziel ist es, Ihre Bedenken wirksam und emphatisch zu kommunizieren, die Selbstbestimmung und

Autonomie des Klienten zu respektieren und gleichzeitig die Wahrscheinlichkeit zu erhöhen, dass der Klient Ihre Bedenken annimmt und sein Verhalten bzw. Pläne ändert.

Sich Ihrer Bedenken bewusst zu werden ist der 1. Schritt. Möglicherweise verspüren Sie den Impuls, Ihren Bedenken gleich Ausdruck zu verleihen. Trotz bester Absichten könnte das jedoch in die klassische Konfrontations-/Verleugnungsfalle führen (hierbei nehmen Sie den „vernünftigen" Standpunkt ein, und dem Klient bleibt nur übrig, seinen „unvernünftigen" Standpunkt zu verteidigen). Wenden Sie stattdessen die nachfolgende Strategie an:

Reflektieren Sie die Aussage, die Ihre Bedenken auslösen. Vielleicht haben Sie nicht richtig verstanden, was der Klient meint. Reflektieren Sie, was Sie verstanden haben. Ihr Tonfall sollte weder Sarkasmus, Bestürzung oder Wertungen erkennen lassen. Ziel ist, klar zu verstehen, was der Klient meint. Manche Therapeuten meinen, Reflexionen dieser Art könnten Billigung oder gar eine Erlaubnis für das Verhalten ausdrücken. Aber Akzeptanz ist nicht das Gleiche wie Billigung. Ziel der Reflexion ist sicherzustellen, dass Sie den Klienten richtig verstanden haben. Oft modifiziert ein Klient die Aussage, nachdem Sie sie reflektiert haben, oder wird nachdenklich. Achten Sie darauf, was er nun sagt, und reflektieren Sie erneut.

Bitten Sie um Erlaubnis, Ihre Bedenken äußern zu dürfen. Haben Sie eine genaue Vorstellung davon, was der Klient beabsichtigt, bitten Sie ihn nun um Erlaubnis, Ihre Bedenken äußern zu dürfen. Die Bitte um Erlaubnis betont die Autonomie und Akzeptanz der Selbstbeurteilung des Klienten. So wird er Ihnen leichter zuhören. Obwohl Klienten fast immer die Erlaubnis geben, ist es dennoch wichtig, darum zu bitten.

Äußern Sie Ihre Bedenken. Äußern Sie klar und deutlich, welche Bedenken Sie haben. Tun Sie es mit Ich- anstatt Du/Sie-Botschaften, ohne zu verurteilen, zu beschämen oder zu argumentieren.

Verurteilend: *Haben Sie eine Vorstellung davon, wie viele Menschen jedes Jahr durch Leute getötet werden, die 6 Bier getrunken haben und danach Auto fahren?*

Du-Botschaft: *Sie bringen wirklich sich und andere in Gefahr, wenn Sie nach 6 Bier noch Auto fahren.*

Ich-Botschaft: *Ihnen kommen 6 Bier vielleicht gar nicht so viel vor, aber ich mache mir Sorgen, dass Sie Auto fahren, nachdem Sie 6 Bier getrunken haben.*

Bitten Sie den Klienten um eine Antwort auf Ihre Bedenken. Ziel ist es, dem Klienten zu helfen, Ihre Bedenken zu verstehen. Fahren Sie mit dem Gespräch fort, bis Sie der Meinung sind, dass der Klient Ihre Bedenken verstanden hat, selbst wenn er seine Meinung nicht ändert. Achten Sie besonders auf selbstmotivierende Aussagen, die in die von Ihnen gewünschte Richtung zielen, und verstärken Sie diese durch Reflexionen. Vermeiden Sie Argumentationen. Zweck des Verfahrens ist es, dem Klienten Ihre Bedenken zu äußern, sie ihm verständlich zu machen und ihn darüber nachdenken zu lassen.

Im Folgenden noch einmal die einzelnen Schritte zusammengefasst:

Reflektieren – Bitten – Äußern – Bitten
- ◢ Reflektieren Sie die Aussage, die Ihre Bedenken hervorruft.
- ◢ Bitten Sie um Erlaubnis.
- ◢ Äußern Sie Ihre Bedenken.
- ◢ Bitten Sie um Antwort.

5.3 Ausrutscher

5.3.1 Zur Sprache

Die Motivation, Alkohol zu konsumieren oder abstinent zu sein, verändert sich oft mit der Zeit. Menschen mit ernsten Alkoholproblemen unternehmen in der Regel mehrere Anläufe, bevor eine stabile Abstinenz erreicht wird. Da sie sich bemühen, Verhaltensmuster zu ändern, die schon seit langer Zeit bestehen, sind abwechselnde Perioden von Konsum und Abstinenz nicht selten.

Es ist sehr wichtig, wie Sie als Therapeut über erneuten Konsum denken und welche Sprache Sie verwenden, wenn Sie darüber sprechen. Oft schleicht sich ein moralischer Unterton ein. Die Situation soll aber auch nicht beschönigt werden. Sie sollten eine verurteilende oder anklagende Sprache vermeiden, damit beim Klienten keine Reaktanz oder gar ein Therapieabbruch hervorgerufen wird. Idealerweise sollten Sie auf moralistische Klassifikationen wie schlecht oder gut verzichten und stattdessen realistische Erwartungen über den typischen Verlauf des Genesungsprozesses vermitteln.

Ein Klient sollte nicht in dialektische Kategorien wie schmutzig/sauber, nass/trocken, betrunken/nüchtern, rückfällig/nicht rückfällig etc. eingestuft werden. Das stellt selbst im Bereich der professionellen Alkoholismusbehandlung immer noch eine Herausforderung dar, weil auch da die Terminologie oft mit negativen gesellschaftlichen Bewertungen verflochten ist. Positive Begriffsbildungen wurden schon in anderen Bereichen (z.B. sexuelle Dysfunktion, Entwicklungsstörungen) erzielt, die früher durch eine moralisch gefärbte Terminologie dominiert waren.

Es geht darum, das **Verhalten** zu beschreiben, nicht den daraus resultierenden Zustand. Es ist Ihre Aufgabe, dem Klienten bei der Veränderung zu helfen, nicht sein Verhalten zu bewerten. Es gibt etliche Bezeichnungen, die einen erneuten Alkohol-konsum nach einer Abstinenzphase beschreiben; Rückfall, Vorfall und Ausrutscher gehören zu den geläufigen. Wir haben uns für Ausrutscher (AUA) entschieden, weil der Begriff die Metapher einer unerwarteten kurzen Unterbrechung anbietet. Vor allem die Bewertung als unerwartet und einmalig kann bei der Verarbeitung für den Klienten sehr entlastend und hilfreich sein. Im Gegensatz dazu wird der Begriff Rückfall meist als eine negativere Bewertung wahrgenommen.

5.3.2 Begründung

Hat Ihr Klient nach einer Abstinenzperiode wieder Alkohol konsumiert (Ausrutscher), soll die Intervention ihm helfen, folgende Punkte zu klären:

◢ Erkennen spezifischer Auslöser für den Ausrutscher und Klärung, ob die Abstinenz durch das Erlernen neuer Bewältigungsstrategien unterstützt werden kann

◢ Ermitteln der Gedanken und Gefühle, die der Ausrutscher hervorruft

◢ Exploration von Ambivalenz (Alkoholkonsum vs. Abstinenz), die der Ausrutscher möglicherweise hervorgerufen hat

◢ Entwicklung eines Plans zur Wiedererlangung der Abstinenz

Im Folgenden einige Gründe, warum der Klient nach einer anfänglichen Abstinenzperiode einen Ausrutscher hat:

◢ Die Abstinenzmotivation hat sich geändert.

◢ Der Klient hat Schwierigkeiten mit spezifischen Auslösern für sein Trinkverhalten.

◢ Der Klient war nicht in der Lage, nach einem Ausrutscher zur Abstinenz zurückzukehren. Dieser Umstand wird häufig als Abstinenzverletzungseffekt bezeichnet (Abstinence Violation Effect AVE [Marlatt, Gordon 1985])

Falls Ihr Klient keine Abstinenz erreichen konnte, sondern fortgesetzt Alkohol konsumiert, wenden Sie das Modul „Probeabstinenz" an (s. Kap. 5.1).

5.3.3 Motivationale Aspekte

Ein 1. Schritt im Umgang mit einem Ausrutscher ist zu überprüfen, ob der Ausrutscher von einer Veränderung der Motivation des Klienten herrührt (oder dazu führte). Die angewandten therapeutischen Verfahren stammen aus Phase 1. Ziel ist die Exploration und Steigerung der Veränderungsmotivation. Wie versteht der Klient den Ausrutscher? Wie passt der Ausrutscher zu seinen langfristigen Zielen? Im Folgenden einige Themen, die Sie mit dem Klienten ansprechen sollten:

◢ Helfen Sie dem Klienten, die positiven und negativen Konsequenzen eines fortgesetzten Alkoholkonsums und die Gründe für und wider eine erneute Abstinenz gegeneinander abzuwägen. Definieren Sie mit dem Klienten speziell die Vorteile einer erneuten Abstinenz sowie die Risiken/Kosten eines fortgesetzten Konsums. Vermeiden Sie dabei konfrontative Auseinandersetzungen über das Wiedererlangen der Abstinenz.

◢ Besprechen Sie die Gründe, die den Klienten vormals zur Abstinenz bewogen hatten. Eruieren Sie, ob sich die Gründe geändert haben und aus welchen Gründen der Konsum nun wichtiger geworden ist. Hat der Klient während der Abstinenz spezielle Aspekte des Trinkens vermisst?

◢ Lassen Sie den Klienten vorhersehbare oder mögliche negative Konsequenzen des erneuten Konsums benennen. Welche Probleme sind in der Vergangenheit aufgrund des Alkoholkonsums aufgetreten (z.B. medizinisch, emotional, finanziell, juristisch, in seiner Beziehung etc.)? Welche zusätzlichen negativen Konse-

quenzen könnten bei fortgesetztem Trinken auftreten? Wenden Sie die MI-Techniken so an, dass die negativen Effekte vom Klienten ausgesprochen werden.

◢ Bitten Sie Ihren Klienten, kurz- und langfristige Vorteile einer wiedererlangten Abstinenz zu überdenken (z.B. verbesserter Gesundheitszustand, Beziehung, Gefühle, Schule oder Leistung am Arbeitsplatz). Hat der Klient in der Abstinenzphase vor dem Ausrutscher irgendwelche positiven Veränderungen oder Vorteile erfahren? Gab es mögliche Vorteile, die der Klient erhofft hatte, die jedoch nicht auftraten?

◢ Lassen Sie den Klienten seine Ziele im Hinblick auf sein Trinkverhaltens neu definieren. Betonen Sie dabei seine Autonomie und persönliche Wahlfreiheit. Falls angebracht, kehren Sie zu den Punkten des Abschnitts „Fokus auf Abstinenz" (s. Kap. 4.4.1) zurück.

◢ Wenden Sie erneut das Arbeitsblatt „Selbsteinschätzung" an (s. Arbeitsblatt 4 in Anhang A).

◢ Wenden Sie das Arbeitsblatt „Entscheidungswaage" an (s. Arbeitsblatt 5 in Anhang A), falls die wahrgenommene Bedeutung einer Veränderung gering erscheint.

◢ Wenden Sie die Intervention „Exploration früherer Erfolge" an (s. Kap. 3.3.5), falls niedriges Selbstwertgefühl ein Faktor beim erneuten Konsum zu sein scheint.

Die motivierende Gesprächsführung wird entsprechend der Phase 1 fortgesetzt und mit einer zusammenfassenden Reflexion, einer Schlüsselfrage, einem neuen Zielsetzungsprozess sowie einer erneuerten Selbstverpflichtung abgeschlossen.

5.3.4 Situationsbedingte Risiken und Bewältigungsaspekte

Es muss nicht unbedingt eine Veränderung der Motivation vorliegen, um einen Ausrutscher zu verursachen. Der Klient könnte auch Schwierigkeiten haben, mit spezifischen Risikosituationen oder mit einem risikoreichen Lebensstil umzugehen. Oft drückt er den Wunsch nach Abstinenz aus, kann ihn aber nicht erfolgreich umsetzen.

Häufig führen Situationen zum Ausrutscher, die nicht vorhersehbar waren. Falls spezifische Umstände den Ausrutscher nicht ausreichend erklären, untersuchen Sie weitere Aspekte des Lebensstils, die eine Abstinenz möglicherweise erschweren. Sind Faktoren aufgetreten, die in der ursprünglichen Verhaltensanalyse nicht erfasst wurden?

Bestimmte Faktoren können dazu führen, dass ein einmaliger Ausrutscher zu einem länger andauerndem Rückfall wird. Vielleicht liegt dieser Zustand schon vor. Deshalb sollten Sie folgende Punkte mit dem Klienten abklären:

◢ erwartete oder unerwartete Verstärkung, die auf einen Ausrutscher folgte
◢ Überzeugung, dass Kontrolle nach einem Ausrutscher unmöglich wird
◢ Schuld- oder Schamgefühle oder das Gefühl, es durch den Ausrutscher „vermasselt" zu haben

Es gibt mindestens 3 generelle Faktoren, die bei einem Ausrutscher ins Spiel kommen können:

◢ Der Klient hat Schwierigkeiten im Umgang mit einer speziellen Situation.
◢ Der Klient hat Schwierigkeiten mit seiner Tagesstruktur.
◢ Der Klient trinkt weiter als Reaktion auf den Ausrutscher.

Besprechen Sie die Bedingungen, die zum Ausrutscher beitrugen. Ist das Problem eher situationsbedingt oder durch das Fehlen von Bewältigungsfertigkeiten erklärbar? Geben Sie dem Klienten das Arbeitsblatt „Verstehen eines Ausrutschers" (s. Arbeitsblatt 11 in Anhang A) und bitten Sie ihn, die dort gestellten Fragen zu beantworten. Die Fragen konzentrieren sich auf die Vorgeschichte sowie die Konsequenzen des Ausrutschers. Die Erörterung der Antworten verdeutlicht, welche Punkte zur Verhinderung zukünftiger Ausrutscher zusätzlich beachtet werden sollten. Sie beinhaltet:

Was ging dem erneuten Alkoholkonsum voraus? Helfen Sie Ihrem Klienten zu verstehen, welche Elemente einer spezifischen Situation das Trinken ausgelöst haben. Wo war der Klient? Was geschah in dieser Situation? Mit wem war der Klient zusammen? Welche Gefühle hatte er? Welche Gedanken hatte er? Welches Ereignis unterstützte ihn bei der Entscheidung zum Trinken?

Welche Erwartungen hatte der Klient? Ausrutscher ereignen sich oftmals in Situationen, in denen Klienten positive Ergebnisse vom Alkohol erwarten. Hat der Klient beispielsweise eine Verminderung sozialer Spannungen, mehr Spaß auf einer Feier oder die bessere Bewältigung eines Konflikts erwartet? Ist das der Fall, wäre es wichtig, zusammen mit dem Klienten zu ergründen, ob es außer Alkohol auch andere Wege zur Erlangung der erwarteten positiven Zustände gibt. Hierzu kann das Arbeitsblatt „Alte Wege" (s. Arbeitsblatt 6 in Anhang A) nochmals durchgearbeitet werden.

Was hat der Klient in dieser Situation wirklich am Alkoholkonsum genossen? Hat der Klient nach dem Ausrutscher die erwarteten positiven Wirkungen des Konsums erlebt? Wird das Erlebnis dazu führen, dass der Alkoholkonsum in diesen oder anderen Situationen fortgesetzt wird? In einigen Fällen stimmen die erwarteten positiven Wirkungen in einer spezifischen Situation nicht mit den tatsächlich eingetreten überein. Die Herausarbeitung der Diskrepanz kann den Klienten darin stärken, Alternativen für den Umgang mit solchen Situationen zu entwickeln.

Verfügt der Klient über Bewältigungsstrategien, die in den Situationen eingesetzt werden könnten? Falls ja: Hat der Klient irgendwelche Strategien in der konkreten Situation angewandt, um den Ausrutscher zu vermeiden? Ein guter Prädiktor für einen Ausrutscher ist das Vorhandensein geeigneter Bewältigungsstrategien, um bestimmte Situationen ohne Alkohol zu meistern. Hat der Klient schon einmal eine solche Situation erfolgreich bewältigt, ohne zu trinken? Ist es notwendig, neue Bewältigungsstrategien zu erlernen?

Was geschah im Leben des Klienten, das den erneuten Konsum attraktiver erscheinen ließ oder das Risiko des Konsums erhöhte? Bevor sie tatsächlich Alkohol konsumieren, denken Klienten oft über einen möglichen Konsum nach. Manchmal stellt der Konsum eine Reaktion auf Lebenssituationen oder Probleme dar, von denen der Klient annimmt, sie nicht ohne Alkohol bewältigen zu können. Gab es aufgestaute Probleme, auf die der Klient unvorbereitet war? Hat er sich in eine riskante Situation begeben, die einen Ausrutscher wahrscheinlicher machte, ohne sich der Absicht des Trinkens bewusst zu sein? Falls der Klient den erneuten Alkoholkonsum gewählt hat, um eine anhaltende Stresssituation besser zu bewältigen, würde es die Vermittlung von Bewältigungsstrategien nahe legen. Es ist auch möglich, dass er über die erforderlichen Fertigkeiten verfügt, aber nicht ausreichend motiviert ist, sie anzuwenden.

Wie hat der Klient auf den Ausrutscher reagiert? Selbst wenn man trinkt, besteht immer noch die Möglichkeit zu entscheiden, wie lange man trinkt. Klienten, die eine öffentliche Selbstverpflichtung zur Abstinenz abgegeben haben, erleben oft eine starke emotionale Reaktion, wenn sie erneut trinken. Das Trinkverhalten wird dann z.B. durch Schuldgefühle, Frustration, Schamgefühl, Enttäuschung und Angst aufrechterhalten. Dysfunktionale Gedanken können hier auch eine Rolle spielen, z.B.:

◢ *Ich kann mich nicht ändern. Ich kann damit nicht umgehen, ich glaube, ich will mich eigentlich gar nicht ändern, sonst würde ich ja wohl nicht trinken, ich werde immer ein Trinker bleiben.*

◢ *Was bringt mir der Versuch, abstinent zu bleiben – wieder einmal wird deutlich, dass ich mein Trinken nicht kontrollieren kann und niemals dazu in der Lage sein werde.*

Hier sollte man dem Klienten im Sinne der kognitiven Therapie helfen, die „toxischen" Gedanken durch unterstützende zu ersetzen, z.B.: *Ich konnte nur dieses Mal nicht richtig mit der Situation umgehen – nächstes Mal werde ich von solchen Freunden fernbleiben.*

5.3.5 Ausrutscher verarbeiten

Bedarf es weiterer Fertigkeiten zur Bewältigung einer spezifischen Situation, wenden Sie die hierfür angebrachten Module aus Phase 3 an (s. Kap. 6).

Ist das Problem eher eine sekundäre kognitiv-emotionale Reaktion im Sinne des Abstinenzverletzungseffekts, helfen Sie Ihrem Klienten, eine kognitive Umstrukturierung vorzunehmen. Es gibt verschiedene Botschaften, die dem Klienten dabei helfen können, den Ausrutscher zu verarbeiten:

◢ *Langfristige Abstinenz ist ein Ziel. Auf dem Weg dorthin können ungeplante Hindernisse wie ein Ausrutscher auftauchen.*

◢ *Ein Ausrutscher kann auch als eine Erfahrung gesehen werden, aus der man für die Zukunft lernen kann, anstatt entmutigt zu sein und sich selbst abzuwerten. Finden Sie heraus, wie solche Situationen vermieden und/oder besser bewältigt werden können.*

◄ *Selbst ein Ausrutscher ist kein Grund (Entschuldigung), mit dem Trinken fortzufahren. Jeder Tag ist ein neuer Tag (nur heute zählt; ein Tag nach dem anderen).*

Hier kann auch das Arbeitsblatt „Einen Ausrutscher verarbeiten: 8 praktische Tipps" (s. Arbeitsblatt 12 in Anhang A) hilfreich sein. Beachten Sie, dass das Arbeitsblatt nur nach einem Ausrutscher ausgehändigt werden sollte. Es sollte nie an Klienten ausgegeben werden, die erfolgreich abstinent sind.

5.4 Medikamenten-Compliance

Manche Klienten erhalten Medikamente zur Unterstützung ihrer Alkoholismusbehandlung. Studien zeigen deutlich, dass Medikamenten-Compliance mit besseren Therapieergebnissen verbunden ist. Beispielsweise fanden Volpicelli et al. [1997], dass Klienten mit großer Compliance unter Naltrexon (Compliance definiert als Einnahme von Verum oder Placebo an mehr als 90% der Studientage) an 98% der Studientage abstinent waren. Im Vergleich dazu waren Klienten der Placebo-Bedingung an 89% der Studientage abstinent – ein signifikanter Unterschied. Bei Klienten mit geringer Compliance (Studienmedikation wurde an < 90% der Studientage eingenommen) wurden keine signifikanten Unterschiede im Trinkverhalten zwischen Klienten, die Naltrexon oder Placebo erhielten, beobachtet.

Deshalb ist es von großer Bedeutung, dass Sie die Anwendung der Medikation vollständig unterstützen. Als Psychotherapeut sind Sie in einer besonderen Position, zur planmäßigen Medikamenteneinnahme beizutragen.

5.4.1 Gründe für Non-Compliance

Es gibt viele Gründe, warum Klienten ihre Medikamente nicht so einnehmen, wie sie es sollten. Im Folgenden einige Beispiele:

Persönliche Faktoren: Einige Klienten glauben, ihr Problem sei nicht ernst genug für eine Medikation. Andere wiederum denken, dass sie das Problem ausreichend unter Kontrolle haben, sodass Medikamente nicht notwendig sind. Einige verspüren Nebenwirkungen oder haben generelle Probleme mit der Einnahme von Medikamenten (z.B. Größe der Tabletten). Einige sind einfach nicht davon überzeugt, dass Medikamente Ihnen helfen werden. Aber auch das kognitive Funktionsniveau sowie andere Aspekte des Gesundheitszustands können die Medikamenten-Compliance beeinflussen.

Interpersonelle Faktoren: Interpersonelle Interaktionen können die Akzeptanz und Einhaltung der Medikamenteneinnahme ganz wesentlich beeinflussen. Ein besorgter Ehepartner, der die Medikamenteneinnahme genauestens überwacht und kontrolliert, kann eine Trotzreaktion hervorrufen. Der Gesprächsstil eines Therapeuten kann den Widerstand eines Klienten verringern oder erhöhen. Das Fehlen einer tragfähigen therapeutischen Beziehung kann zu Misstrauen, Missverständnissen oder Unstimmigkeiten beitragen. Werden solche Differenzen nicht gelöst, fühlen sich Klienten oft nicht ausreichend zur Einnahme der Medikamente motiviert.

Umfeldfaktoren: Nicht genügend Struktur oder Kontrolle im täglichen Leben können dazu führen, dass Personen die Medikamenten-Compliance nicht einhalten. Faktoren wie eine instabile Wohnsituation, finanzielle Probleme oder rechtliche Schwierigkeiten spielen oft eine Rolle und können die Selbstüberwachung der Medikamenteneinnahme beeinträchtigen. Sie können zusätzlich noch durch soziale Isolation, Wiederaufnahme des Alkoholkonsums, Einnahme illegaler Drogen oder gar durch sexuellen oder emotionalen Missbrauch in der Familie sowie häusliche Gewalt verschärft werden.

5.4.2 Einschätzung der Motivation für Compliance

Hält Ihr Klient die Medikamentenverordnung nicht ein, sollten Sie die Gründe dafür herausfinden. Kritisieren Sie nicht und vermeiden Sie konfrontierende Fragen. Stellen Sie offene und unterstützende Fragen und wenden Sie aktives Zuhören an, um die Hindernisse zu verstehen. Explorieren Sie folgende Bereiche:

Fehleinschätzungen der Alkoholproblematik: Nimmt der Klient seinen Zustand als ernst genug wahr, um eine Medikamenteneinnahme zu rechtfertigen? Fühlt er sich bereits als „geheilt"? Hat er ein Gefühl der Hoffnungslosigkeit, wenn er an die Veränderung seines Trinkverhaltens denkt?

Einstellung zur Behandlung: Ist der Klient unzufrieden mit Aspekten der Behandlung?

Einstellung zur Pharmakotherapie: Hat der Klient grundsätzlich Probleme mit der Einnahme von Medikamenten?

Erwartungen des Klienten gegenüber der Medikation: Wie realistisch sind seine Erwartungen? Hat er Bedenken gegen eine Medikamenteneinnahme? (z.B. Medikament wird als „Krücke" angesehen oder Klient möchte nicht abhängig davon werden)

Verstehen: Hat der Klient Probleme, den Einnahmemodus zu verstehen und zu befolgen? (Verstehen der Beipackzettel oder der ihm gegebenen Instruktionen)

Einfluss einer WP auf die Medikamenten-Compliance: Gibt es etwas am Verhalten der WP, was möglicherweise die Compliance beeinträchtigt?

Lebensumstände: Gibt es Faktoren im täglichen Leben des Klienten, die eine Compliance erschweren?

Es ist wichtig, die Gründe der Non-Compliance aufzudecken. Beginnen Sie mit allgemeinen, offenen Fragen. Vermeiden Sie konfrontierende Äußerungen. Behalten Sie den MI-Stil bei (Reflexion, Klärung, Umformulie-

rung etc.), es unterstützt die therapeutische Beziehung und hilft Ihnen, mehr Informationen zu finden.

5.4.3 Exploration früherer Medikamenten-Compliance

Eine mögliche Strategie zur Problemlösung wäre, den Klienten über frühere Erfahrungen mit Medikamenten zu befragen. Erkundigen Sie sich speziell nach Zeiten, in denen er Schwierigkeiten mit der Einnahme von Medikamenten hatte, und fragen Sie nach, wie es ihm damals gelang, die Medikamente wie verordnet einzunehmen.

5.4.4 Selbstmotivierende Sprache hervorrufen

Die Einhaltung der Pharmakotherapie wird gefördert, wenn sich der Klient ihrer Wichtigkeit bewusst ist. Es gilt daher herauszuarbeiten, inwieweit eine verbesserte Compliance die Interessen und Ziele des Klienten unterstützen kann. Dabei sollte der Fokus eher auf motivierende Aspekte als auf Informationen über die Medikation gerichtet sein. Richten Sie Ihre Aufmerksamkeit besonders auf die Exploration seiner Ambivalenz oder seinen Widerstand gegen die Medikamenteneinnahme. Was immer Sie tun, vermeiden Sie Argumentationen, warum der Klient die Medikamente einnehmen sollte; dies hat oft nur zur Folge, dass der Klient die Gegenseite einnimmt.

5.4.5 Entscheidung verschieben

Trotz Ihrer Bemühungen werden einige Klienten unnachgiebig bleiben. Streiten Sie nicht mit Ihrem Klienten über diesen Punkt. Fragen Sie nur, welche alternativen Pläne er zur Aufrechterhaltung der Abstinenz hat. Besprechen Sie das Für und Wider der Pläne. Hat der Klient einen Notfallplan?

Akzeptieren Sie seine Ausführungen und fragen Sie, ob er bereit wäre, die endgültige Entscheidung über die Pharmakotherapie zu verschieben. Formulieren Sie seine Entscheidung als einen vorübergehenden Entschluss um. Das gibt ihm die Möglichkeit, nochmals sämtliches Pro und Kontra abzuwägen, bevor er eine endgültige Entscheidung trifft. Wenn ein Mensch zunächst einer Aufgabe abgeneigt gegenübersteht (z.B. Einnahme der Medikation), kann sich diese Aversion mit der Zeit abschwächen. Manchmal kann die Freiheit, die Entscheidung zu verschieben, die notwendige Zeit zur Stabilisierung der Abstinenz bringen.

5.4.6 Hindernisse überwinden

Personen, die eine Behandlung ihrer Alkoholabhängigkeit antreten, haben häufig komplexe Probleme; sie betreffen z.B.:

◢ Kinderbetreuung
◢ Wohnsituation
◢ finanzielle und juristische Schwierigkeiten
◢ Familienkonflikte
◢ medizinische und psychische Komorbidität

All das kann bei der Medikamenten-Compliance von Bedeutung sein. Die Faktoren können aber auch als ein Frühwarnsystem dienen und dazu verwendet werden, einen Medikamenten-Compliance-Plan auszuarbeiten, bevor ernste Probleme auftreten.

Eruieren Sie Hindernisse für eine ordnungsgemäße Medikamenteneinnahme und finden Sie angemessene Lösungen. Bei einigen Klienten kann mitunter die aktive Einbeziehung einer WP ausreichen. Sind beide anwesend, finden Sie heraus, auf welche Weise die WP hilfreich sein könnte. Einige Klienten bitten die WP beispielsweise, sie regelmäßig an die Tabletten zu erinnern.

Andere bitten wiederum nur, sie zur Einhaltung des Medikationsplans zu ermutigen. Vor der Entscheidung zu einem bestimmten Schritt sollten Sie jedoch das Einverständnis beider einholen.

Fragen Sie den Klienten in Abwesenheit der WP nach anderen Möglichkeiten der Hilfe, z.B. nach einem AA-Betreuer, der eine Pharmakotherapie unterstützt. Andere Klienten bedürfen möglicherweise zusätzlicher Hilfe, ihr soziales Umfeld so zu strukturieren, damit sie den Medikationsplan einhalten können.

5.5 Case-Management

5.5.1 Begründung

Menschen mit Alkoholproblemen haben häufig auch andere Probleme (s.a. Kap. 5.4.6), die direkt oder indirekt mit dem exzessiven Trinkverhalten zusammenhängen. Sie benötigen nicht selten Unterstützung bei sozialen, juristischen und finanziellen Problemen oder bei der Kinderbetreuung und Haushaltsführung, Hilfe bei Missbrauch in der Familie sowie bei Wohnungsproblemen oder Krankheit. Diese oftmals komplexen Problembereiche können innerhalb einer Psychotherapie nicht behandelt werden.

Für eine erfolgreiche Alkoholbehandlung sind Lösungen in den Bereichen jedoch auch notwendig. Oft ist es wichtig, zusätzliche medizinische und soziale Einrichtungen in den Behandlungsprozess einzubeziehen, um die weiteren Schwierigkeiten zu lösen. Die Herausforderung hierbei ist, ein effektives Netzwerk aufzubauen, um die Probleme zu bearbeiten, damit die Primärziele der ASP (Abstinenz und Rückfallvorbeugung) nicht beeinträchtigt werden.

Das entscheidende Problem besteht häufig darin, dass Klienten schon vorhandene Hilfsangebote nicht wahrnehmen. Mangelnde Inanspruchnahme kann von unterschiedlichen Einstellungen sowohl des Klienten als auch des Therapeuten herrühren, wie ernsthaft ein Problem ist und welche konkreten Schritte eingeleitet werden müssen, um dem Problem zu begegnen. Es können auch praktische Hindernisse auftreten, z.B. die Erreichbarkeit eines Dienstleisters, Sprach- und kulturelle Barrieren oder Probleme mit der Kinderbetreuung.

Dieses Modul sollte dann angewandt werden, wenn Sie einen Klienten an weitere unterstützende Hilfsangebote verweisen möchten. Es dient der Bearbeitung potenzieller Hindernisse, die einer erfolgreichen Inanspruchnahme im Wege stehen. In dem Modul wird die Inanspruchnahme bzgl. ihrer Notwendigkeit, Akzeptanz und Durchführbarkeit als ein Verhandlungsprozess zwischen Klient und Therapeut betrachtet. Bestärken Sie Ihren Klienten, an der Entscheidungsfindung aktiv teilzunehmen und sie zu beeinflussen. Dabei soll versucht werden, eine gemeinsame Lösung zur Bewältigung der Hindernisse zu finden.

Die hier geschilderten therapeutischen Fertigkeiten sollen Sie zu einem guten und zielführenden Case-Management befähigen. Das Modul repräsentiert einen flexiblen Ansatz, der anerkennt, dass Klienten möglicherweise viele verschiedene Formen der Unterstützung benötigen. Hierfür bedarf es besonderer Fertigkeiten und Bemühungen, um die Hilfe einzuleiten.

5.5.2 Ressourcenliste

Jeder Psychotherapeut sollte über eine Liste potenzieller Hilfsangebote verfügen. Die Liste sollte Informationen über Kontaktpersonen, Gebühren, Versicherungsabdeckung, Einschränkungen, Anreise (Ort, Buslinie etc.), Wartelisten und andere wichtige Details enthalten. Bei der Erstellung eines solchen Verzeichnisses haben Sie Zugriff auf zahlreiche Quellen:

◢ Recherchieren Sie im Internet.
◢ Rufen Sie betreffende Stellen aus den Gelben Seiten an.
◢ Fragen Sie Kollegen.
◢ Nutzen Sie Behörden und Hotlines.
◢ Sprechen Sie mit Experten vor Ort.

Gewöhnlich gibt es zahlreiche Dienste, die manchmal jedoch schwer zu finden sind. Deshalb benötigen Sie hierfür entsprechende Informationen und das Know-how. Manche Stellen und Gemeinden verfügen bereits über gut erstellte Verzeichnisse. Bei häufig benötigten Diensten ist es angebracht, Broschüren oder andere schriftliche Informationen bereitzuhalten und an die Klienten zu verteilen. Mit regelmäßig in Anspruch genommenen Institutionen (z.B. Sozialämter) können formelle Kontakte hergestellt werden, um die Inanspruchnahme zu unterstützen (z.B. durch eine kürzere Wartezeit bis zum 1. Termin).

5.5.3 Case-Management-Prozess

Die ersten Schritte eines Case-Managements sind:

◢ Identifizieren Sie Bereiche, in denen zusätzliche Hilfe für Ihren Klienten nützlich sein könnte. Das sind insbesondere Problembereiche, die nicht direkt in der ASP behandelt werden, jedoch vom Klienten als Veränderungswunsch genannt wurden (z.B. Unterkunft, Gewalt in der Familie, gesundheitliche Probleme und finanzielle Schwierigkeiten).
◢ Suchen Sie nach entsprechenden Anbietern zur Bearbeitung des betreffenden Bereiches.
◢ Ermutigen Sie den Klienten zur Inanspruchnahme.
◢ Überprüfen Sie, ob der Klient die Angebote wahrgenommen hat.

Tab. 5.1: Beispiel für ausgefülltes Arbeitsblatt „Case-Management"

Ziel: Regelmäßige ärztliche Untersuchungen			Spezifische Zielsetzung/Teilziele: 1. Kontakt mit Hausarzt 2. Untersuchungstermin vereinbaren 3. Termin beim Zahnarzt vereinbaren	
Fertig zu stellende Aufgaben	Durch (Person)	Ziel Datum	Bemerkungen	Beendet Datum
Praxis des Hausarztes anrufen und Termin vereinbaren Tel.: 0621/813600	Klient	8.3.	Klient hat angerufen; in nächster Zeit kein Termin frei Aus Sitzung am 8.3. angerufen; an Dr. Schmitt verwiesen worden	8.3.
Dr. Schmitt anrufen und Termin für Vorsorgeuntersuchung vereinbaren	Klient	10.3.	Klient hat angerufen; Termin am 21.03.	10.3.
Zahnarzt anrufen und Termin vereinbaren Tel.: 0621/828300	Klient	16.3.		

5.5.4 Prioritäten setzen

Eruieren Sie, welches Ziel (oder welche Ziele) Ihr Klient zuerst erreichen möchte, und konzentrieren Sie sich darauf. Manchmal kann sich der Klient durch den Prozess der Inanspruchnahme überfordert fühlen, besonders wenn viele Bereiche angesprochen wurden. Helfen Sie ihm beim Fokussieren und Setzen von Prioritäten. Es ist besser, an nur einem Problem zu arbeiten, als überhaupt keinen Fortschritt zu machen. Stellen Sie auch sicher, dass die Wahl seiner Zielsetzung realistisch ist. Konzentrieren Sie sich zunächst auf die Gründe des Klienten. Lassen Sie ihn entscheiden, welche Bereiche für ihn am wichtigsten sind und warum.

Wenn Sie zumindest ein Problem identifizieren, für den Ihr Klient weitergehende Hilfe wünscht, füllen Sie das Arbeitsblatt „Case-Management" aus (s. Arbeitsblatt 13 in Anhang A und Tab. 5.1). Füllen Sie ein separates Blatt für jedes Problem aus. Es ist nicht notwendig, Arbeitsblätter für alle Probleme in einer Sitzung zu vervollständigen. Weitere Arbeitsblätter können auch in den folgenden Sitzungen zusammmen mit anderen Modulen bearbeitet werden. Falls Ihnen für ein Problem kein passender Dienstleister bekannt ist, bitten Sie den Klienten, bis zur nächsten Sitzung zu versuchen, einen geeigneten zu finden.

5.5.5 Durchführung

Besprechen Sie nach dem Ausfüllen der Arbeitsblätter, welche zuerst bearbeitet werden sollen. Gewöhnlich sind es diejenigen, die vom Klienten mit höchster Priorität identifiziert wurden. Oft ist es notwendig, komplexe Ziele in kleinere Schritte zu unterteilen. Formulieren Sie mindestens ein Ziel, das bis zur nächsten Sitzung erledigt sein sollte. Kann ein Klient mehr als ein Ziel annehmen, können auch mehrere Arbeitsblätter ausgefüllt werden. Jedes sollte möglichst spezifisch sein. Außerdem sollte eine Frist für das Erreichen eines Zieles festgesetzt werden; die übliche Frist ist die nächste Sitzung.

5.5.6 Hindernisse

Was könnte den Klient daran hindern, die Aufgabe auszuführen? Besprechen Sie hierbei auch Verkehrsmittel, Kosten, Wartelisten, den Zeitaufwand und die Lokalität. Erörtern Sie, wie eine WP zur Unterstützung herangezogen werden könnte (z.B. Transportmöglichkeit). Geben Sie dem Klienten die Liste möglicher Anbieter mit nach Hause und schlagen Sie vor, dass er sie als Erinnerung an einem gut sichtbaren Ort aufbewahrt (z.B. am Armaturenbrett des PKW oder am Kühlschrank).

Weisen Sie darauf hin, dass er andere Optionen ausprobieren kann, ohne verpflichtet zu sein, diese befolgen zu müssen. Schlagen Sie vor, dass er sich selbst umschaut, bis er Angebote findet, die er schätzt und für nützlich hält. Explorieren Sie die Ambivalenz und Unsicherheit des Klienten zu einem speziellen Ziel. Bei Klienten, die von der Notwendigkeit des Case-Managements nicht überzeugt sind, kann motivierende Gesprächsführung hilfreich sein. Ziehen Sie weitere mögliche Hindernisse in Betracht. Für die Herstellung von Kontakten und konkretem Verhalten bei evtl. auftretenden Problemen kann es sinnvoll sein, Rollenspiele einzusetzen. Weiterhin können Anrufe – beispielsweise für Terminvereinbarungen – von Ihrem Büro aus getätigt werden.

Forcieren Sie keine vorschnelle Selbstverpflichtung des Klienten gegenüber einem Ziel. Das kann besonders dann geschehen, wenn zwar Ihnen ein Problem dringlich erscheint, nicht aber Ihrem Klienten. Wenn Klienten zu etwas gedrängt werden, wozu sie noch nicht bereit sind, wird der Versuch höchstwahrscheinlich fehlschlagen und kann zum Abbruch der Behandlung durch den Klienten beitragen. Explorieren Sie stattdessen seine Ambivalenz, reflektieren Sie, dass Sie seine Bedenken verstanden haben, und drücken Sie deutlich Ihre eigenen Bedenken aus (s. Modul „Bedenken äußern", Kap. 5.2). Akzeptieren Sie, dass letztlich der Klient entscheidet. Solange Sie eine therapeutische Beziehung aufrechterhalten, können Sie zu einem späteren Zeitpunkt jederzeit zu unbewältigten Problemen zurückkehren. Außer im Falle ernsthafter Gefahr sollten Sie dem Klienten die Entscheidungsfreiheit lassen.

Begleiten Sie den Prozess. Verfolgen Sie die Fortschritte des Klienten für jedes Ziel in jeder Sitzung, bis alle notwendigen Maßnahmen erfüllt wurden. Falls Sie eine Aufgabe vereinbart haben, sollten Sie diese immer am Anfang der nächsten Sitzung überprüfen. Das unterstreicht die Wichtigkeit, die Sie dem Fortschritt des Klienten beimessen. In einigen Fällen wird es notwendig sein, das Case-Management während der gesamten ASP im Auge zu behalten. Hat der Klient eine vereinbarte Aufgabe nicht erfüllt, untersuchen Sie kurz, was dazu geführt hat (Motivation, Logistik, unklare Aufgabenstellung?). Ermutigen Sie ihn zu einer kritischen Überprüfung seiner Anstrengungen. Klären Sie den Sachverhalt und überarbeiten Sie die Ziele und Aufgaben dementsprechend. Im Folgenden einige Optionen:

◢ Fragen Sie, ob der Klient das Ziel immer noch als wichtig ansieht und warum es für ihn wichtig ist. Sollte ein Ziel nicht mehr wichtig sein, wechseln Sie zu einem Ziel, das dem Klienten wichtig ist.

◢ Ziehen Sie die Einbindung wichtiger Personen als Hilfe bei der Umsetzung eines Zieles in Betracht.

◢ Üben Sie im Rollenspiel, wie der Klient die Aufgabe bewältigen kann.

◢ Vereinbaren Sie kurze Anrufe zwischen den Sitzungen (Sie rufen den Klienten an, der Klient hinterlässt eine Nachricht auf dem Anrufbeantworter etc.).

◢ Ermutigen Sie den Klienten und/oder die WP, den erfolgreichen Abschluss einer Aufgabe zu „feiern" (selbstverständlich ohne Alkohol).

6 Phase 3: Fertigkeitentraining

Die Interventionen der Phase 3 sind Module zum kognitiv-behavioralen Fertigkeitentraining (s. Abb. 6.1). Gemeinsam mit Ihrem Klient entscheiden Sie, welche Module zum Einsatz kommen und welche nicht.

Beim Einsatz der ausgewählten Module sollten Sie nach dem Prinzip **Erklären – Zeigen – Ausprobieren** vorgehen. Beschreiben Sie erst, was zu tun ist, zeigen Sie dann dem Klienten, wie es gemacht werden sollte, und bitten Sie ihn anschließend, es auszuprobieren. Verstärken Sie Ihren Klienten während des Ausprobierens, betonen Sie dabei, was er gut gemacht hat, weisen Sie ihn behutsam auf die Punkte hin, die verbessert werden könnten, und ermutigen Sie Ihn, es erneut zu versuchen.

Es sind aktive Module. Beziehen Sie den Klienten mit ein! Verwenden Sie die Arbeitsblätter (s. Arbeitsblätter 14–25 in Anhang A), führen Sie Rollenspiele durch, vereinbaren Sie Hausaufgaben und konkrete Übungseinheiten für die Zeit bis zur nächsten Sitzung. Falls sich der Klient seine Hausaufgaben vornimmt, sprechen Sie diese zu Beginn der nächsten Sitzung durch und unterstützen Sie großzügig jeden Schritt, den der Klient zur Anwendung neuer Fertigkeiten unternommen hat.

Denken Sie daran, dass nicht mehr als 2 Module in einer Sitzung bearbeitet werden sollten. Verwenden Sie für jedes Modul die Checkliste des Therapeuten (s. Therapeuten-Checklisten 10–15 in Anhang B), um die angewandten Verfahren zu vermerken.

Überblick

Modul 1: Umgang mit Trinkdruck (TD)
Erlernen von Fähigkeiten, Trinkdruck zu bewältigen.

Modul 2: Stimmungsmanagement (SM)
Erlernen von Fertigkeiten zur Handhabung und Umkehrung negativer Stimmungen ohne Trinken.

Modul 3: Umgang mit Trinkangeboten und sozialem Druck (UTSD)
Erlernen von Fertigkeiten, Alkohol abzulehnen und sozialem Druck standzuhalten.

Modul 4: Soziale Kompetenz (SK)
Erlernen von Fertigkeiten zum konstruktiven Ausdruck von Gefühlen, Meinungen, Wünschen.

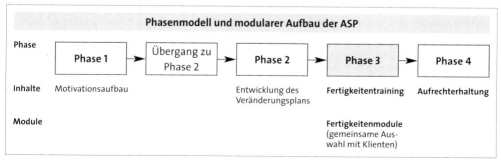

Abb. 6.1: Phasenmodell und modularer Aufbau der ASP – Phase 3

Modul 5: Kommunikationsfertigkeiten (KO)
Erlernen von Fertigkeiten, andere besser zu verstehen, sodass positive Beziehungen gefördert werden.

Modul 6: Soziale und Freizeitberatung (SFB)
Suche nach und Beteiligung an angenehmen, alkoholfreien sozialen und Freizeitaktivitäten.

6.1 Umgang mit Trinkdruck

6.1.1 Begründung

Die Begriffe **Trinkdruck** und **Craving** beziehen sich auf einen recht umfangreichen Bereich subjektiver Erfahrungen, z.B.:

- ◢ Gedanken *(Wäre es nicht schön, jetzt einen zu trinken ...)*
- ◢ positive Erwartungen *(Ich würde mich besser fühlen, wenn ich jetzt ein paar Bierchen hätte ...)*
- ◢ körperliche Empfindungen (Zittern etc.)
- ◢ Gefühle (ängstlich/unruhig sein etc.)
- ◢ Verhalten (Innehalten beim Passieren des Bierregals im Geschäft etc.)

Das gemeinsame Merkmal ist das **subjektiv wahrgenommene Verlangen nach Alkohol** trotz des gefassten Entschlusses, keinen Alkohol mehr zu konsumieren. Trinkdruck/ Craving tritt häufiger am Anfang der Behandlung auf, kann aber viele Wochen und sogar Monate fortbestehen. Trinkdruck ist in der Regel äußerst unangenehm, aber ganz normal und ist zu erwarten. Rechnen Sie damit, dass Craving auftreten kann, und machen Sie sich und Ihren Klienten mit dem Umgang damit vertraut.

Die zentrale Botschaft des Moduls TD lautet, dass das Auftreten von Trinkdruck/ Craving vorhersehbar und ein erfolgreicher Umgang damit erlernbar ist. Die folgenden Botschaften sind für Ihren Klienten von besonderer Bedeutung:

- ◢ *Das Auftreten von Trinkdruck ist durchaus üblich und normal. Es ist kein Grund zur Beunruhigung oder gar Zeichen für ein Versagen. Stattdessen können Sie davon lernen.*
- ◢ *Trinkdruck und Craving treten meist in vorhersehbaren Situationen auf. Sie werden durch Auslöser in der Umgebung bewirkt. Sie sind sich möglicherweise der äußeren Auslöser für die Erfahrungen nicht bewusst, aber Sie können lernen, sie zu identifizieren.*
- ◢ *Manchmal ist der Auslöser innerlich wie z.B. Gedanken oder körperliche Empfindungen, die sich als Enge in der Magengegend, Mundtrockenheit oder ein unbestimmtes Gefühl der Nervosität manifestieren können. Die Vorstellung, wie gut es wäre, jetzt Alkohol oder Drogen zu konsumieren, Erinnerungen an vergangene Trinkepisoden, die Vorstellung wie und wo man sich Alkohol beschaffen könnte oder der Einfall „ich brauche jetzt etwas zu trinken" sind Beispiele für auslösende Gedanken.*
- ◢ *Craving und Trinkdruck sind zeitlich begrenzt, d.h., sie dauern gewöhnlich nur einige Minuten oder maximal einige Stunden. Sie lassen fast immer nach einigen Minuten nach und verebben dann wie eine Welle, ohne sich bis zur Unerträglichkeit zu steigern.*
- ◢ *Jedes Mal, wenn Sie die Empfindungen (Craving) überwinden, gewinnen Sie. Dem Trinkdruck nachzugeben macht ihn umso stärker. Wenn Sie aber lernen, damit umzugehen, wird er mit der Zeit schwächer und tritt seltener auf.*
- ◢ *Das führt zum letzten und wichtigsten Punkt: Sie sind dem Craving und Trinkdruck nicht hilflos ausgeliefert; vielmehr können Sie etwas dagegen tun. Was konkret – darum geht es in diesem Modul.*

6.1.2 Auslösesituationen erkennen und damit umgehen

Der 1. Schritt ist die Identifizierung der Auslösereize oder Situationen, in denen der

Klient Trinkdruck oder Craving erlebt. Bitten Sie ihn, einige kürzlich erlebte Situationen zu beschreiben. Analysieren Sie nun die Situationen so ausführlich wie möglich. Hier einige Beispiele für hilfreiche Fragen:

◢ *Wie war diese Erfahrung im Detail? Woran haben Sie bemerkt, dass Sie Trinkdruck hatten? War es ein Gedanke, eine körperliche Empfindung, ein Gefühl?*

◢ *Was geschah genau vor und während der Situation? Wo waren Sie, mit wem, was tat die Person? Was geschah in dem Augenblick, was haben Sie gesehen, gehört, gerochen, geschmeckt, gefühlt etc.?*

◢ *Was geschah nach dem Verspüren des Trinkdrucks? Haben Sie getrunken? Wie haben Sie es geschafft, abstinent zu bleiben? Was haben Sie danach gedacht, empfunden, gefühlt etc.?*

Vergessen Sie nicht, dass auch nur ein Gespräch über Trinkdruck schon Trinkdruck auslösen kann. Trifft das zu, sollte sich niemand davor fürchten, sondern es als eine gute Gelegenheit nutzen, die hier aufgezeigten Strategien zu üben. Es ist jedoch sinnvoll, ein erstes Gespräch über Trinkdruck nicht am Ende einer Sitzung anzufangen. Solange sie an dem Modul arbeiten, sollten Sie den Klienten periodisch fragen, ob er Trinkdruck verspürt.

Im Zentrum steht die Identifizierung konkreter Auslöser für Trinkdruck, damit hierfür passende Bewältigungsstrategien ausgearbeitet werden können. Erstellen Sie zunächst eine Liste der Risikosituationen. Das Arbeitsblatt „Alte Wege" aus Phase 2 (s. Arbeitsblatt 6 in Anhang A, Spalte Auslöser) kann dabei hilfreich sein.

Einige typische Auslösesituationen für Trinkdruck sind:

◢ Konfrontierung mit alkoholischen Getränken (z.B. Betriebs-, Familienfeiern)

◢ Beobachtung anderer Leute beim Trinken (z.B. in Restaurants, bei Festen, beim Grillen)

◢ Kontakt mit Menschen, Plätzen und Dingen, die vorher mit Trinken in Verbindung standen (z.B. Trinkkumpane, Partys, Kneipen, Fußballspiele im Fernsehen)

◢ Tageszeiten, zu denen man früher getrunken hat (Feierabend zu Hause, Wochenenden, Zahltag, Sonnenuntergang)

◢ Stimuli, die vorher mit Entzug in Verbindung gebracht wurden (Krankenhaus, Aspirin, morgens)

Andere Auslöser wiederum sind eher innerlich und können die Person verwirren, da sie anscheinend unvorhergesehen auftreten, einfach „aus dem Nichts auftauchen". Auch hierzu einige Beispiele für TD-Auslöser:

◢ negative Gefühle
  – Frustration
  – Müdigkeit
  – Erschöpfung

◢ (auch) positive Gefühle
  – Freude
  – Aufregung
  – Begeisterung

Körperliche Empfindungen wie Übelkeit, Zittern, Kopfschmerzen oder Verspannung werden oftmals fehlattribuiert; sie treten aus Gründen auf, die dem Betroffenen nicht direkt klar sind (z.B. normale Ängstlichkeit, erhöhter oder niedriger Blutzuckerspiegel, Koffeineinnahme) und werden als Craving, Entzug oder Flashback fehlinterpretiert.

6.1.3 Überwachung des Trinkdrucks

Erarbeiten Sie zunächst eine Begründung für diese Hausaufgabe: Was wäre ein bedeutender Nutzen für den Klienten (größeres Selbstbewusstsein, stärkere Selbstkontrolle, Feedback der Verbesserung etc.)? Zwei bis drei Wochen Beobachtungszeitraum sollten reichen. Danach sollten Sie zusammen neu bewerten, was erlernt wurde und ob es sinnvoll ist weiterzumachen.

Tab. 6.1: Beispiel für ausgefülltes Arbeitsblatt „Trinkdrucküberwachung"

Datum/Uhrzeit	Situation	0–100	Wie ich reagiert habe
16.5., 15.30 h	Ich war erschöpft, hatte einen Streit mit meinem Chef	75	Habe die Tür meines Büros zugemacht, meine Augen geschlossen und mich ausgeruht; habe mich nach 20 min besser gefühlt
17.5., 23.00 h	Habe mich zur Schlafenszeit kribbelig gefühlt, hatte Probleme einzuschlafen, Trinken würde helfen	60	Habe ein heißes Bad genommen und Musik gehört
19.5., mittags	Bin zum Italiener zum Mittagessen gegangen; war wütend, dass ich nicht wie vorher etwas trinken konnte	80	Habe Tonic mit Limone bestellt, kam mir irgendwie bekannt vor – war blöd, wieder dahin zu gehen

Machen Sie es sich einfach. Geben Sie Ihrem Klienten gleich mehrere leere Arbeitsblätter „Trinkdrucküberwachung" (s. Arbeitsblatt 14 in Anhang A). In der folgenden Tabelle (s. Tab. 6.1) finden Sie ein Beispiel für die Überwachung des Trinkdrucks.

Folgende Instruktionen sind wichtig:

◢ *Haben Sie immer einen Trinkdrucküberwachungsbogen und einen Stift bei sich!*
◢ *Schreiben Sie gleich auf, wenn Sie Trinkdruck verspüren!*
◢ *Jedes Mal sollten 4 Dinge eingetragen werden:*
　– *Datum und Uhrzeit*
　– *Situation: wo Sie waren, wer bei Ihnen war, was Sie taten oder dachten*
　– *wie stark der Druck war (0 = gar kein Druck, 100 = stärkster Druck, den Sie je empfunden haben)*
　– *was Sie getan haben – wie Sie auf den Trinkdruck reagiert haben*

Gehen Sie ein vom Klienten genanntes Beispiel durch. Besprechen Sie auch, was ihn vom Eintragen abhalten könnte. Lassen Sie sich diesbezüglich nie auf eine Argumentation ein. Versuchen Sie nur die Perspektive des Klienten zu verstehen und finden Sie heraus, ob er bereit ist, die Überwachung zumindest 1 Woche lang auszuprobieren.

Wie immer sollten Sie sich die Arbeitsblätter am Anfang der nächsten Sitzung vornehmen. Kommentieren Sie jeden einzelnen Eintrag positiv (positive Verstärkung). Falls der Klient Schwierigkeiten mit dem Ausfüllen hatte, besprechen Sie kurz, was geschehen ist, aber verbringen Sie nicht zu viel Zeit damit. Fragen Sie den Klienten nach seinen eigenen Ideen, wie er die Beobachtung in der nächsten Woche verbessern kann. Ihre Fragen können auch seine Zweifel an der Bedeutsamkeit der Trinkdrucküberwachung ans Licht bringen.

6.1.4　Umgang mit externen Auslösern

Es gibt 4 grundlegende Strategien zum Umgang mit externen Trinkdruckauslösern:

◢ Situation vermeiden
◢ Situation verlassen
◢ von Situation ablenken
◢ Situation durchhalten

Vermeiden

Die vielleicht einfachste Art, mit riskanten Situationen umzugehen, ist, sie zu vermeiden. Wie könnte der Klient das Zusammensein mit Menschen, Plätzen und Situationen vermeiden, die den Drang zu trinken hervorrufen? Dazu einige Beispiele:

◢ Zuhause keinen Alkohol haben
◢ Partys oder Kneipen meiden
◢ Kontakt zu trinkenden Freunden verringern oder sie nur zu alkoholfreien Gelegenheiten treffen

Es ist bekannt, dass Menschen, die erfolgreich mit Trinken, Rauchen oder dem Konsum anderer Drogen aufgehört haben, derartige Situationen meist vollständig meiden, besonders zu Beginn ihrer Abstinenz. Es erscheint als sinnvoll, sich während der ersten Monate der Abstinenz nicht unnötig in riskante Situationen zu begeben.

Situation verlassen

Natürlich ist es unmöglich, alle riskanten Situationen zu meiden. Ein bekannter Spruch heißt: Unverhofft kommt oft. Meistens kommt es zu einem Rückfall in unerwarteten Risikosituationen. Was geschieht, wenn der Klient sich in einer risikoreichen Situation wiederfindet – entweder, weil sie nicht vorhersehbar war oder weil sie sich nicht vermeiden ließ?

Die Situation so schnell wie möglich zu verlassen – zu fliehen – ist eine bewährte Strategie im Umgang mit Trinkdruck. Ihr Klient soll Ideen entwickeln, was er tun kann, wenn er sich plötzlich in einer risikoreichen Situation wiederfindet, wie z.B.:

- Er geht zum Abendessen zu einem Freund und erwartete nicht, dass dort viel getrunken wird.
- Er befindet sich in einer neuen sozialen Situation und jemand, der nicht weiß, dass er abstinent ist, reicht ihm ein alkoholisches Getränk.
- Zu Hause findet er eine Flasche (Bier, Wein, Schnaps), die er bereits vergessen hatte.

Bitten Sie den Klienten, Ideen zu entwickeln, wie er aus solchen Situationen schnell und elegant herauskommen könnte. Üben Sie die Dialoge, die in sozialen Situationen entstehen könnten.

Eine wichtige Alternative für Risikosituationen – entweder um sie zu vermeiden oder ihnen zu entfliehen – ist die Teilnahme an Selbsthilfegruppen. Es gibt sie in den meisten Orten tagsüber und vor allem auch zu Risikozeiten wie abends, an Wochenenden und Feiertagen.

Ablenken

- *Trinkdruck geht relativ schnell vorbei, solange Sie ihm nicht nachgeben.*
- *Falls Sie eine Situation nicht vermeiden oder sich nicht aus ihr zurückziehen können, suchen Sie eine Ablenkungsmöglichkeit, die Ihnen Spaß macht.*
- *Tun Sie etwas: Lesen Sie, gehen Sie ins Kino, treiben Sie Sport (Joggen, Spazierengehen, Fahrradfahren), rufen Sie jemanden an.*
- *Trinkdruck geht schneller vorüber, wenn Sie sich mit etwas Interessantem beschäftigen.*

Lassen Sie Ihren Klienten überlegen, was er in Trinkdrucksituationen zur Ablenkung tun könnte.

Durchhalten

Es gibt aber auch Situationen, in denen keine der bisher genannten Strategien umsetzbar sind. Dann benötigt man Strategien, um durchzuhalten. Im Folgenden einige Möglichkeiten:

- **Sprechen Sie darüber.** *Sprechen Sie mit jemandem über den Trinkdruck. Das kann helfen, den genauen Auslöser zu lokalisieren. Oftmals bringt schon das Sprechen über Trinkdruck eine Erleichterung.*
- **Bitten Sie um Hilfe.** *Nehmen Sie jemanden mit oder bitten Sie jemanden um Hilfe, um die riskante Situation ohne Trinken durchzustehen.*
- **Warten Sie ab.** *Alles geht mit der Zeit vorbei, besonders etwas so Vorübergehendes wie Trinkdruck. Versuchen Sie nicht, ihn zu stoppen, warten Sie nur ab und trinken Sie nicht.*
- **Schützen Sie sich.** *Was könnten Sie außer einem hilfreichen Freund noch in riskanten Situationen mitnehmen, das Ihnen helfen würde, Trinkdruck zu überstehen? Überlegen Sie. Eine Erinnerungskarte? Ein für Sie wertvoller Gegenstand? Ein Foto? Ein Handy? Kein Geld?*

Risikosituationen sind vor allem in der frühen Phase der Abstinenz gefährlich, aber mit fortdauernder Abstinenz finden es die meisten nicht mehr so notwendig, ihren Kontakt zu vorher risikoreichen Personen, Örtlichkeiten oder Dingen zu beschränken. Manchmal ist es dann kein Problem mehr, sich in Gefahrensituationen zu begeben, weil die Betroffenen gefestigt genug sind.

6.1.5 Umgang mit internen Auslösern

Zwei der oben genannten Strategien können auch für interne Auslösereize angewendet werden:
▲ Loslassen (eine Parallele zum Entfliehen oder Ablenken)
▲ Durchhalten

Loslassen
Loslassen bedeutet, nicht bei der momentanen Wahrnehmung zu verweilen. Einen Gedanken wahrzunehmen bedeutet nicht, dass man ihn festhalten oder weiter darüber nachdenken muss. Gewisse Gefühle wie Wut können nur bestehen bleiben, wenn man sie mit Gedanken des Grolls, der Rache, Ablehnung etc. schürt. Gedanken wahrzunehmen, ohne an ihnen festzuhalten, ist das Grundprinzip unterschiedlichster Meditationstechniken.

Eine andere Art des Loslassens besteht darin, den Gedanken, der unerwünscht ist, zu widerlegen. Hier kann eine Methode der kognitiven Therapie angewandt werden: Erkenne den Gedanken, stoppe ihn, analysiere den Fehler in ihm und ersetze ihn. Im Folgenden ein Beispiel eines solchen innerlichen Prozesses:
▲ *Es wäre echt toll, jetzt ein kühles Weizenbier zu trinken. Es könnte doch nicht schaden, ein kleines Bierchen zu trinken …*
▲ *Halt! Moment mal! Was denke ich da gerade?*
▲ *Es würde wirklich schaden. Wie viel Leid hat mir das Trinken schon gebracht? Ich kenne diese verdammte „Nur-eins-Routine". Wen*

versuche ich hier reinzulegen? Was kann ein Bier mir Gutes tun? Ich glaube, ich habe nur Mitleid mit mir, weil ich nicht trinken kann.
▲ *Aber die Wahrheit ist, dass ich trinken könnte – niemand hält mich auf. Die Wahrheit ist, dass ich entscheide, heute nicht zu trinken, weil ich es so will. Warum mit dem Feuer spielen?*

Etliche Betroffene berichten die Tendenz, dass beim Spüren von Trinkdruck plötzlich nur die positiven Effekte des Alkohols ins Gedächtnis kommen und die negativen Konsequenzen vergessen sind. Deshalb kann es hilfreich sein, wenn sie sich die Vorteile des Nichttrinkens und die negativen Konsequenzen des Trinkens wieder vergegenwärtigen – was sie durchs Trinken aufgeben würden. Manchmal hilft es auch, Vorteile und Konsequenzen auf einer kleinen Erinnerungskarte mitzuführen. Sich mit etwas anderem zu beschäftigen (s.a. Kap. 6.1.4, Ablenken) ist ebenso ein Weg, von einem internen Auslöser loszulassen – sich nicht damit aufzuhalten.

Durchhalten
Diese Strategie ist so zu verstehen, dass Sie vielmehr mitten durch eine Empfindung durchgehen als an ihr vorbei. Hier können die oben genannten Durchhaltestrategien sinnvoll sein:
▲ Durchsprechen
▲ Um-Hilfe-Bitten
▲ Abwarten
▲ Sich schützen

Eine andere Art des Durchhaltens ist dem bei Angststörungen oft angewendeten Expositionstraining vergleichbar:
▲ *Anstelle gegen den Trinkdruck anzukämpfen, akzeptieren Sie den Zustand einfach als ein normales und kurzzeitiges Ereignis, das vorbeigehen wird.*
▲ *Spüren Sie es und konzentrieren Sie sich darauf.*

◢ *Nehmen Sie ganz genau wahr, was Sie spü-*
ren – welche körperlichen Empfindungen,
Gefühle, Gedanken etc.

Versucht man die Empfindungen abzustel-
len, hat das gewöhnlich genau das Gegenteil
zur Folge. Anstatt sie zu schwächen, werden
sie stärker – ähnlich dem bekannten Trick,
jemanden aufzufordern: Denken Sie nicht an
einen rosa Elefanten! Fast unweigerlich hat
man das Bild eines rosa Elefanten im Kopf.

Man kann Trinkdruck auch mit Meeres-
wogen vergleichen. Sie beginnen klein, werden dann größer, brechen und verebben. Es
ist einfacher, mit der Welle zu schwimmen
als sich dagegenzustemmen. Mitschwimmen
bedeutet hier natürlich nicht zu trinken,
sondern den Drang bewusst zu empfinden
und zu durchleben.

Sollte ein Klient Trinkdruck in der Sitzung verspüren, können Sie die Bewältigungsstrategien gleich in vivo üben. Lassen
Sie ihn ganz bequem sitzen, die Füße flach
auf dem Boden. Versuchen Sie dann folgende Instruktionen:

◢ *Atmen Sie ein paar Mal tief durch und rich-*
ten Sie Ihre Aufmerksamkeit nach innen.
Lassen Sie Ihre Aufmerksamkeit durch Ihren
Körper wandern. Achten Sie darauf, wo Sie
in Ihrem Körper den Druck verspüren. Wie
fühlt sich das an? Beobachten Sie jeden Be-
reich, in dem Sie den Drang verspüren, und
beschreiben Sie, was Sie empfinden. Zum
Beispiel: Ich habe ein trockenes Gefühl in
Mund und Nase und eine Art Kälteempfin-
den in meinem Magen.

◢ *Konzentrieren Sie sich auf den Bereich, wo*
Sie den Drang verspüren. Achten Sie auf das
genaue Empfinden in dem Bereich. Fühlt es
sich z.B. heiß, kalt, kribbelnd oder taub an?
Fühlt es sich anders an? Sind Ihre Muskeln
angespannt oder entspannt? Wie weit reicht
das betroffene Gebiet? Achten Sie auf Verän-
derungen in den Empfindungen. Beobachten
Sie die Empfindungen und beschreiben Sie
sie sich selbst, z.B.: Mein Mund ist trocken
und ausgedörrt. Meine Lippen und meine
Zunge sind verspannt. Ich schlucke andau-
ernd. Wenn ich einatme oder schlucke, kann
ich mir den Geruch und das Prickeln des
Sekts vorstellen.

◢ *Konzentrieren Sie sich mehrfach auf jeden*
Teil Ihres Körpers, in dem Sie das Craving
verspüren. Achten Sie auf die aufgetretenen
Veränderungen der Empfindung und be-
schreiben Sie diese. Beobachten Sie, wie der
Drang kommt und geht. Viele Menschen
merken, dass der Drang nach einigen Minu-
ten verschwindet oder nachlässt. Zweck der
Übung ist jedoch nicht, das Craving zu ver-
drängen, sondern es auf eine neue Art und
Weise zu erleben – als eine eigene neue Er-
fahrung.

6.1.6 Erstellen eines individuellen Bewältigungsplans

Der Klient sollte einen individuellen Bewältigungsplan für zukünftige Trinkdrucksituationen entwickeln. Nach einem ersten Durch-
arbeiten der bisher aufgeführten Strategien
bitten Sie Ihren Klienten, 2 oder 3 davon
auszuwählen, von denen er annimmt, dass
sie für ihn am besten und im täglichen Leben realistisch einsetzbar sind. Bearbeiten Sie
diese dann im Detail. Wenn ihm beispielsweise eine Ablenkungsaktivität hilfreich erscheint, welche Aktivitäten wären dann am
besten? Sind sie wirklich umsetzbar? Welche
davon müssen vorbereitet werden? Um die
Strategien zu üben, sollten Sie Rollenspiele
in den Sitzungen durchführen und auch als
Hausaufgaben vorschlagen. Entwickeln Sie
praktische Hilfsmittel zur Unterstützung
(z.B. Erinnerungskarten). Zu Beginn der
nächsten Sitzung sollte durchgesprochen
werden, was funktioniert hat und was nicht.
Passen Sie den Bewältigungsplan individuell
an jeden einzelnen Klienten an.

6.2 Stimmungsmanagement

6.2.1 Hintergrund

Stimmung ist in der Psychologie und im täglichen Leben ein breit gefächerter Begriff, der einen vorübergehenden emotionalen Zustand beschreibt. Eine Stimmung kann sich von traurig, besorgt, wütend bis fröhlich erstrecken. Der Hauptaspekt hierbei ist jedoch, dass die Stimmung relativ kurzzeitig und von vorübergehender Natur ist. Dieser Zustand geht erwartungsgemäß in kurzer Zeit vorbei: in Minuten, Stunden oder höchstens in einigen Tagen. Kurz gesagt: Stimmungen sind normale menschliche emotionale Veränderungen. Eine Stimmung wechselt normalerweise als Reaktion auf einen Vorfall im Umfeld einer Person.

Dieses Modul wurde für Klienten entworfen, deren Entscheidung zur Abstinenz immer wieder durch das Auftreten negativer Stimmungen umgestoßen wird. Ein strukturiertes Trainingsprogramm vermittelt Klienten kognitive Verhaltensstrategien zum Umgang mit negativen Gefühlen. Klienten lernen, selbstschädigende und vermeidende Reaktionen auf negative Stimmungen (wie Alkoholkonsum) durch positive Reaktionen zu ersetzen.

Das Trainingsprogramm zum Stimmungsmanagement beinhaltet 3 Komponenten:

◢ Sie vermitteln Ihren Klienten ein Modell der Emotionen, um ihnen negative Stimmungen besser verständlich zu machen.

◢ Ihre Klienten sollen ein Stimmungstagebuch führen. Sie werden dann die Informationen verwenden, um gemeinsam Gedankenmuster herauszufinden, die zu negativen Gefühlen führen. Solche kognitiven Schemata werden Sie im Anschluss besprechen und einschätzen.

◢ Sie entwickeln gemeinsam Pläne, wie man die automatischen Gedanken und den daraus entstehenden negativen Stim-

mungen kognitive und verhaltenstherapeutische Alternativen entgegensetzt.

6.2.2 Forschungsbasis für das Stimmungsmodul

Die Entwicklung dieses Moduls beruht auf Forschungsergebnissen, die auf einen Zusammenhang zwischen Rückfällen und negativen Stimmungen deuten. Marlatt und Gordon [1985] berichteten, dass Situationen mit erhöhtem Rückfallrisiko häufig mit negativen Stimmungszuständen einhergehen.

Untersuchungen des Rückfallprozesses [Cunningham et al. 1995] weisen darauf hin, dass Klienten oftmals negative Gefühlszustände zum Zeitpunkt des ersten Konsums erlebten. Außerdem ergaben Untersuchungen [Brown et al. 1997], dass Patienten mit häufigen negativen Stimmungen nach der Behandlung oft schlechtere Prognosen haben. Auf dieser Grundlage erscheint es plausibel, dass das Bearbeiten negativer Stimmungszustände das Behandlungsergebnis verbessern kann.

Das Stimmungsmodul will den Patienten nicht nur den Umgang mit negativen Stimmungen vermitteln, sondern auch mit den Vorläufern und „Nachwehen" negativer Stimmungen.

6.2.3 Begründung

Negative Stimmungen entstehen und existieren nicht in einem Vakuum. Stattdessen können Emotionen als eine Folge von Ereignissen in einem bestimmten Kontext erklärt werden. Das Akronym **STORC** hilft Ihnen, die Folge von Ereignissen zu erklären (s. Arbeitsblatt 15 in Anhang A). Emotionen treten in einer bestimmten **Situation** auf, die durch die Gedanken **(Thoughts)** des Klienten interpretiert wird. Hierbei sind üblicherweise organische Reaktionen wie z.B. Körperempfindungen beteiligt. Die Verhaltensreaktion (**Response**) des Klienten auf die Kette von Ereignissen führt zu einer bestimmten Konsequenz (**Consequence**), die dann wiederum ein Teil der **Situation** wird, wodurch sich der Kreislauf wiederholt.

Dieses Modul ist eine nahezu direkte Anwendung von Prinzipien der kognitiven Verhaltenstherapie:

◢ Erklären Sie zunächst das STORC-Modell und veranschaulichen es anhand eines Beispiels aus dem Leben des Klienten.

◢ Als Hausaufgabe soll der Klient das Arbeitsblatt „Stimmungstagebuch" (s. Arbeitsblatt 16 in Anhang A) ausfüllen, um zu lernen, die STORC-Komponenten bei sich selbst zu identifizieren.

◢ Richten Sie das Augenmerk des Klienten auf automatische Gedanken, die negative Stimmungen verstärken oder verschlimmern.

◢ Vermitteln Sie das Konzept, dass der Klient seine Stimmung durch die Veränderung von Gedanken und der Art des Denkens verändern kann.

◢ Bearbeiten Sie gemeinsam die erkannten automatischen und schädlichen Denk- und Verhaltensweisen und helfen Sie dem Klienten, kognitive Umstrukturierungen und Verhaltensänderungen vorzubereiten.

Kurz gesagt: Vermitteln Sie dem Klienten, dass er eine stärkere Selbstkontrolle über die Häufigkeit und Intensität negativer Stimmungen erreichen kann, indem er Denkmuster neu strukturiert und sein Verhalten ändert. Dabei ist es wichtig, das STORC-Modell mithilfe von realistischen Beispielen aus dem Leben des Klienten relevant und anwendbar zu halten.

6.2.4 STORC-Modell erklären

Geben Sie dem Klienten das Arbeitsblatt „STORC: Verstehen von Emotionen und Stimmungen" (s. Arbeitsblatt 15 in Anhang A) und erklären Sie es. Die Informationen in den folgenden Abschnitten sollen Ihnen bei der Erklärung helfen. Präsentieren Sie das Arbeitsblatt aber **nicht** in der folgenden Detailtiefe. Verwenden Sie Worte und Konzepte, die Ihrem Klienten eine auf seine Situation und Möglichkeiten angepasste Erklärung liefern. Jeder Abschnitt beschreibt, wie eine Komponente Stimmungen beeinflusst, und schlägt therapeutische Interventionen vor, die auf jene Komponente ausgerichtet sind. Eine Veränderung kann an fast jedem der Komponenten des STORC-Kreislaufs initiiert werden. Wie intensiv die einzelnen Komponenten bearbeitet werden sollen, müssen Sie und Ihr Klient entscheiden.

Situative Faktoren (S)

Eine Situation wird beeinflusst von Personen, Orten und Dingen, die den Klienten zu einem bestimmten Zeitpunkt umgeben. Klienten attribuieren ihre Stimmungen oftmals auf solche äußeren Faktoren. Es ist wichtig zu erklären, dass die Situation aber nur einen Teil zum Entstehen einer Stimmung beiträgt. Die Stimmung einer Person wird auch bei einem beängstigenden Ereignis nicht nur durch die schlimme Situation beeinflusst. Viktor Frankl [1963], der die Zustände in den Nazivernichtungslagern des 2. Weltkriegs beschrieb, erinnerte sich an Menschen, die ihre Zeit damit zubrachten, andere zu ermutigen und zu trösten. Anstatt sich der augenscheinlichen Hoffnungslosigkeit ihrer Situation zu ergeben, hofften sie weiter und vermittelten ihre Hoffnung auch anderen. Die Art und Weise, wie die Menschen die unmenschliche Situation bewerteten, hatte einen direkten Einfluss auf ihre Stimmung und darauf, wie sie mit der Situation umgehen konnten.

In ähnlicher Weise zeigte eine Follow-up-Studie mit Alkoholabhängigen, dass nicht die Anzahl der Stresssituationen, denen sie ausgesetzt waren, zu einem Rückfall führte, sondern wie sie mit ihnen umgingen [Miller et al. 1996].

Dennoch scheinen bestimmte Situationsfaktoren die Wahrscheinlichkeit negativer Stimmungen zu erhöhen. Menschen reagieren in ihrer Wahrnehmung unterschiedlich auf solche situationsbedingte Einflüsse. Natürlich haben die anderen Elemente des STORC-Modells (T, O, R und C) auch einen Einfluss darauf, wie intensiv eine Situation einen Menschen beeinflusst. Dennoch gibt es Umstände, die negative Stimmungen und sogar Depressionen fördern, z.B. wenn ein Individuum längerfristig Stressoren ausgesetzt ist (wie Verlust einer wichtigen Person, Menschenmassen, laute Geräusche etc.).

Ein weiterer wichtiger Faktor ist die Anzahl positiver Verstärkungen (im Gegensatz zu Kritik, Bestrafung und anderer negativer Umstände), die ein Mensch im täglichen Leben erfährt. Positive Verstärkung und erfreuliche Ereignisse scheinen eine wesentliche Rolle bei der Erhaltung positiver Stimmungen und Ansichten zu spielen. Einige Menschen führen einen Lebensstil oder haben Berufe, die ihnen nur wenig regelmäßige positive Erlebnisse bieten und zusätzlich mit viel Kritik und negativer Bewertung verbunden sind. Manchmal (etwa in einer Beziehung oder einer neuen Arbeitsstelle) beginnt die Verstärkung auf einem hohen Level, lässt aber mit der Zeit schrittweise nach. Wenn ein solches Nachlassen positiver Verstärkung auftritt, wird es in der Umgangssprache als selbstverständlich beschrieben. Dauerhaft wenig positive Verstärkung zu erfahren, kann zu negativen Stimmungen und Depressionen führen.

Sie sollten sich besonders darauf konzentrieren, was für den **Klienten** die wichtigsten stimmungsrelevanten Aspekte seines Umfelds darstellen. Die Untersuchung seines Umfelds sollte eine Vorstellung davon liefern, wo man kognitiv und behavioral intervenieren könnte.

Wie können Situationen geändert werden, um negative Stimmungen zu verhüten oder zu reduzieren? Hier geht es um „Lifebalance", der Ausbalancierung des täglichen Lebens. Eine Strategie ist die bewusste Planung eines jeden Tages und die Einbeziehung von kleineren oder größeren erfreulichen Ereignissen (positive Verstärker), die dabei helfen, den Rest des Tages als ausgewogen zu erleben. Hier kann Selbstbeobachtung (z.B. in Tagebuchform notierte angenehme und unangenehme Ereignisse) hilfreich sein, um das Bewusstsein der Ausgewogenheit zu steigern. Falls unangenehme oder stressreiche Ereignisse dominieren, ist es wichtig, zusätzliche Zeit für positive Erfahrungen einzuplanen. Regelmäßige soziale Unterstützung kann einen wichtigen Beitrag zu solchen positiven Erfahrungen leisten.

Bei der Planung einer ausgewogenen Lifebalance ist es wichtig zu vermeiden, dass im Verlauf des Tages viele negative und stressreiche Erfahrungen zusammenkommen, die dann plötzlich von einer positiven Phase (Prinzip der Happy Hour) abgelöst werden. Dieses Muster wurde mit einem Risiko für Alkohol- und Drogenkonsum in Verbindung gebracht. Marlatt und Gordon [1985] schlagen deshalb vor, positive Ereignisse schon während des ganzen Tages einzuplanen.

Gedankenmuster (Thoughts, T)

Obwohl situationsbedingte Faktoren bei Stimmungen eine Rolle spielen, ist **nichts** an der externen Situation **wirklich verantwortlich** für die Stimmungen einer Person. Positive und negative Emotionen sind keine direkten Reaktionen auf die reale Welt, sondern eine Reaktion darauf, wie die Person diese Welt **wahrnimmt.**

Eine Klapperschlange auf einem Wanderpfad kann bei einer Person, die sie als giftiges und gefährliches Tier kennt, merkliche Aufregung verursachen, bei einer anderen Person wiederum, die sich der Gefahr nicht bewusst ist, könnte sie nur Neugier auslösen. Ein Spielzeug kann eine Quelle des Spaßes, der Angst, Eifersucht, Sorge oder der Traurigkeit darstellen, je nachdem, wie es wahrgenommen und benutzt wird. Ähnlich sind deprimierende Ereignisse nicht an sich deprimierend. Die Reaktion einer Person hängt davon ab, wie sie das Ereignis wahrnimmt. In dem Klassiker „It's a Wonderful Life" erlebt George Bailey (gespielt von Jimmy Stewart) eine unerwartete Serie von schweren Rückschlagen am Heiligen Abend. Er nimmt seine Welt als hoffnungslos und sein Leben als wertlos wahr, verfällt in eine suizidale Stimmung und wünscht sich, er wäre niemals geboren worden. In einer Vision bekommt er seinen Wunsch erfüllt und kann das Leben sehen, wie es gewesen wäre, wenn er niemals existiert hätte. Danach sieht er sein Leben vollkommen anders (deshalb der Titel des Films). Das Einzige, was sich verändert hat, ist seine Wahrnehmung. Vom Standpunkt einer optimistischen Einstellung können Ereignisse, die sonst als stressreich oder deprimierend angesehen würden, einen geringeren oder sogar ganz anderen Einfluss haben.

Attributionen sind besonders wichtige Kognitionen, wenn es um Stimmungen geht. Sie sind Erklärungen, **warum** Dinge geschehen (oder nicht geschehen), d.h. Erklärungen für die Ursachen von Lebensereignissen. Attributionen werden in **internale** oder **externale** unterschieden. Eine internale Attribution ist die Überzeugung, dass ein bestimmtes Ereignis durch eigene Handlungen verursacht wurde. Demgegenüber ist eine externale Attribution die Überzeugung, dass das Ereignis durch Faktoren verursacht wurde, die sich außerhalb des eigenen Einflusses befinden. Ein weiteres wichtiges Kriterium zur Unterscheidung von Attributionen ist **stabil** versus **instabil**. Stabile Attributionen erklären die Ursache eines Ereignisses als etwas, das sich sicher nicht ändern wird. Demgegenüber beschreibt eine instabile Attribution eine Ursache, die sich mit hoher Sicherheit ändern wird.

Mit anderen Worten, Menschen erwarten nicht, dass Dinge sich verändern, wenn sie eine Situation einer stabilen Ursache attribuieren; sie erwarten aber eine Veränderung, wenn sie eine Situation einer instabilen Ursache zuschreiben. Menschen zeigen normalerweise eine Art optimistischen Stils, bei dem sie dazu tendieren, Erfolge inneren Ursachen, aber Fehler externen und/oder instabilen Ursachen zuzuordnen:

Meine Erfolge sind auf meine Fähigkeiten und Bemühungen zurückzuführen, aber meine Fehler kommen von zu wenigem Bemühen oder der Einmischung von anderen – oder einfach von Pech.

Selbst Psychotherapeuten können die Welt auf diese Weise betrachten:

Meine Erfolge habe ich der Tatsache zu verdanken, dass ich ein guter Therapeut bin. Meine Fehler treten auf, wenn der Fall einfach unmöglich schwierig oder der Klient nicht ausreichend motiviert ist.

Obwohl sich der Mensch dabei teilweise selbst etwas vormacht, trägt der normale Attributionsstil dazu bei, Zuversicht zu erhalten und fortdauernde persönliche Bemühungen zu unterstützen.

Auf der anderen Seite stehen negative Stimmungen und Depressionen eher mit einem anderen Attributionsstil in Zusammenhang. Während einer Depression werden negative Ereignisse oft stabilen, negativen und allgemeinen Persönlichkeitseigenschaften zugeschrieben:

◢ *So läuft es immer, ich mache alles falsch, was ich anpacke.*

◢ *Ich bin ein Versager in jeder Beziehung; wer könnte jemanden wie mich mögen?*

Im Gegensatz dazu werden positive Ergebnisse häufig äußeren Ursachen zugeschrieben:

◢ *Ich hatte einfach Glück.*

◢ *Sie lassen mich gewinnen, weil sie Mitleid mit mir haben.*

◢ *Sie ist zu jedem nett.*

Die Veränderung solcher Selbstaussagen hat einen großen Einfluss auf Stimmungen. Kognitive Therapien, die sich auf die Veränderung von Denkprozessen konzentrieren, haben sich bei der Behandlung von Angststörungen und affektiven Störungen als wirksam erwiesen. Die kognitive Intervention beginnt üblicherweise mit der Identifizierung individueller Denkmuster, die negative Stimmungen begünstigen [Beck 1976; Burns 1980]. Einige allgemeine Beispiele sind:

◢ unrealistisch hohe Erwartungen an sich selbst oder Erwartungen von anderen
◢ Hoffnungslosigkeit
◢ Pessimismus
◢ exzessive Selbstkritik

Diese kognitiven Verhaltensmuster werden hinterfragt und verändert. Es werden neue Einstellungen und Selbstgespräche gesucht, die eine gesündere Lebensführung begünstigen.

Körperliche Empfindungen (Organisch, O)

Manche Menschen verstehen Stimmungen als rein **körperliche Wahrnehmungen**. Natürlich sind auch neurobiologische Prozesse beteiligt, von denen viele außerhalb der bewussten Wahrnehmung ablaufen. Viele Emotionen sind mit einer diffusen Erregung des autonomen Nervensystems verbunden, und einige Individuen erleben diese als eine Veränderung ihrer Körperwahrnehmung, z.B.:

◢ trockener Mund
◢ kalte Hände
◢ heißes Gesicht
◢ Magenkrämpfe etc.

Welche körperlichen Wahrnehmungen erlebt der Klient, wenn er nervös, wütend, traurig oder ängstlich etc. ist? Oft sind die Wahrnehmungen selbst bei verschiedenen Emotionen recht ähnlich. Tatsächlich hat die Forschung gezeigt, dass bei gegebener autonomer Erregung die empfundene Emotion von der **Interpretation** der Situation und des Erregungszustands abhängt. Manchmal werden Gefühle durch die direkte Reaktion auf eine interne körperliche Wahrnehmung ausgelöst oder verstärkt, wie beispielsweise durch die Angst vor der Angst.

Die körperliche Komponente des STORC-Modells besteht sowohl aus der körperlichen Empfindung als auch aus dem Namen, der dieser Emotion gegeben wird. Oftmals ist es hilfreich, genau zu beschreiben, was Ihr Klient als die körperliche Empfindung des negativen Gefühls oder der Stimmung wahrnimmt. Betonen Sie, dass seine körperlichen Empfindungen Teil, aber auch nur ein Teil in der Kette der Geschehnisse sind, die als Emotion wahrgenommen werden.

Es gibt verschiedene Strategien zur Veränderung körperlicher Zustände (z.B. Medikation, Entspannungstraining, Sport). Die ASP setzt keine davon ein, weil die Evidenzen für ihre Wirksamkeit bei der Behandlung von Alkoholproblemen nicht eindeutig sind [Miller et al. 1995]. Substanzmissbrauch selbst kann sogar als der Versuch des Klienten angesehen werden, die O-Komponente der negativen Emotionalität zu verändern. Die ASP legt den Schwerpunkt der Veränderung auf die kognitiven (T), behavioralen (R) und kontextuellen (S, C) Glieder dieses Prozesses.

Reaktionsmuster (R)

Was geschieht, wenn Ihr Klient stimmungsrelevante körperliche Veränderungen wahrnimmt? Was **tut** er als Reaktion auf eine emotionale Erregung? Nimmt eine Person eine negative Stimmung wahr, kann es unterschiedliche Arten von Reaktionen geben. Besonders sollte man auf folgende 2 grundsätzlich schädliche Reaktionsmuster achten:

◢ Vermeidung/Rückzug
◢ Aggression

Eine häufige Reaktion ist die **Vermeidung** oder der **Rückzug.** Die Reaktion mag recht verständlich, sogar natürlich erscheinen. Wenn ein Mensch niedergedrückt ist und ein geringes Selbstwertgefühl hat, fühlt er sich als schlechter Gesellschafter. Er fühlt sich überfordert von den gewohnten sozialen Kontakten oder will nicht, dass andere ihn in seinem Zustand sehen. Ermüdungsgefühle tragen zusätzlich zur Vermeidung und zum Rückzug bei. Vermeidung führt jedoch zur Verstärkung negativer Emotionen. Jemand, der einmal von einem Pferd gefallen ist, wird weiterhin Pferde meiden und eine immer größere Angst vor ihnen entwickeln. Der depressive Mensch, der sich aus seinem sozialen supportiven Netzwerk zurückzieht, wird dadurch von wichtigen Quellen des Feedbacks und der positiven Verstärkung abgeschnitten, was folglich die Depression verstärkt.

Hier ist generell zu empfehlen, das Gegenteil der anscheinend natürlichen Reaktion (des Rückzugs) anzuwenden. Für den depressiven Menschen ist es wichtig, weiterhin Freunde zu treffen und sich mit ehemals erfreulichen Aktivitäten zu beschäftigen, selbst wenn es anstrengend erscheint und nicht sofort als angenehm empfunden wird. Das Gleiche gilt allgemein für niedergedrückte Stimmungen.

Eine weitere schädliche Reaktion, mit der Menschen auf negative Stimmungen antworten, ist **aggressiv** zu werden, „drauflos-zuschlagen". Dieses Reaktionsmuster (wie auch die Vermeidung) wird oft durch Substanzmissbrauch verschlimmert. Aggressionen können durch das Erreichen des gewünschten kurzfristigen Effekts verstärkt werden. Langfristig verändert das aggressive Verhalten das soziale Umfeld des Betroffenen derart, dass negative Emotionalität eher verschlimmert als verbessert wird.

Solche Probleme können auch auf das Fehlen wichtiger allgemeiner sozialer Fertigkeiten hinweisen. Beispielsweise können soziale Defizite einen Menschen beim Aufbau eines verstärkenden und unterstützenden Netzwerks von Freunden beeinträchtigen, was wiederum verstärkt zu Depressionen führen kann. Defizite in der sozialen Kompetenz können Depressionen bei Erwachsenen chronifizieren. In den Fällen ist es für den Betroffenen wesentlich, neue Bewältigungsstrategien und Reaktionsweisen zu erlernen, die positivere Stimmungen und Anpassungen unterstützen. Trifft das bei Ihrem Klienten zu, können Sie die entsprechenden ASP-Fertigkeitsmodule (SK, SFB; s. Kap. 6.4 und 6.6) in dieses Modul mit einbeziehen.

Konsequenzen (Consequences, C)

Wie das soziale Umfeld auf das Verhalten eines Menschen reagiert, hat natürlich auch einen Rückkopplungseffekt auf seine Stimmung. Ein Umfeld, das nur wenig positive Verstärkung bietet – unabhängig davon, was der Betroffene tut –, kann negative Stimmungen und Depressionen verstärken. Wenn der Zustand länger andauert, kann dies zu einer hilflosen und pessimistischen Haltung des Klienten führen, was wiederum seine negative Emotionalität steigert.

Paradoxerweise belohnen manchmal soziale Umfelder ein Individuum für negative Stimmungen. Stellen Sie sich eine Frau mit mangelhaften sozialen Fertigkeiten vor, die aufgrund ihrer geringen Sozialkompetenz kaum enge Freunde hat. Ihr tägliches Leben ist langweilig und leer. Mit der Zeit verfällt sie in Depressionen und vertraut einigen Personen an, dass sie niedergedrückt ist und Selbstmordgedanken hegt. Plötzlich wird die Kirchengemeinde, in der sie Mitglied ist, aktiv und schart sich um sie. Der Pfarrer ruft regelmäßig an. Freunde rufen an und kommen zu Besuch, bringen Essen vorbei, helfen bei der Hausarbeit oder bleiben sogar über Nacht bei ihr. Was zunächst als eine unaufmerksame Gruppe erschien, wird über Nacht zu einer warmherzigen, hilfreichen Gemeinschaft für sie. Erstaunt beginnt sich die Frau besser zu fühlen. Nach und nach kehren die Freunde in ihren vorherigen Alltag zurück und lassen die nun scheinbar weniger hilfsbedürftige Frau wieder alleine. Die „vernünftige" Reaktion darauf ist der Rückfall in die Depression.

Veränderungen auf dieser Stufe erfordern eine möglichst weitreichende Neugestaltung des sozialen Umfelds, um positives und nicht schädliches Verhalten zu verstärken. Dabei ist es nicht ausreichend, nur die Verstärkung depressiven Verhaltens zu stoppen. Stellen Sie sich nochmals die beschriebene Frau vor. Nehmen Sie an, ihre Freunde hätten beschlossen, sie während Krankheit **und** Gesundheit fallen zu lassen. Sicherlich würde ihre Depression dadurch nicht verringert. Stattdessen muss sie bessere soziale Fertigkeiten erlernen, um dauerhafte persönliche Beziehungen mit anderen aufzubauen. Hauptziel ist die Schaffung eines sozialen Netzwerks, das eine fortdauernde positive Verstärkung des gesunden und adaptiven Lebens bereitstellt.

Substanzabhängigkeit führt meist zu einem Rückzug von Menschen und vorher angenehmen Aktivitäten. Neue Aktivitäten sowie neue Quellen potenziellen Vergnügens und positiver Verstärkung auszuprobieren ist daher eine weitere Intervention des Stimmungsmanagements. Bei Erwachsenen besteht jedoch häufig die Tendenz, in ihren sozialen und Freizeitaktivitäten in vorhersehbare Verhaltensmuster zu verfallen. Einige Menschen weigern sich, neue Aktivitäten oder Fertigkeiten zu erlernen, weil sie diese möglicherweise nicht gleich perfekt beherrschen. Deshalb tun sie nur das, von dem sie sicher sind, dass sie es schon gut können. Solche Begrenzungen beschneiden natürlich die Optionen der Betroffenen. Es gehört zu Ihren Aufgaben als ASP-Therapeut, bei Ihren Klienten die Bereitschaft zu fördern, neue Aktivitäten auszuprobieren (wenn auch nur einmal zum Spaß), die vielleicht zu neuen, belohnenden Beziehungen und Gewohnheiten führen können.

6.2.5 Exploration negativer Stimmungszustände

Manchmal fällt es Menschen schwer, ihre eigenen Stimmungen zu benennen oder zu beschreiben. Sie schildern eher ihre Gedanken als Gefühle. Mithilfe von reflektierendem Zuhören können Sie jedoch oft die Stimmung aus der allgemeinen Beschreibung eines bestimmten Ereignisses ableiten. Dafür bieten sich besonders Situationen an, die vor kurzem aufgetreten sind und in denen Ihr Klient eine negative Emotion oder Stimmung empfand.

Selbstbeobachtung

Lassen Sie den Klienten eine Spalte im Arbeitsblatt „Stimmungstagebuch" (s. Arbeitsblatt 16 in Anhang A) ausfüllen. Am besten eignet sich auch hier wieder ein vor kurzem als negativ empfundener Gefühlszustand. Beginnen Sie mit dem Kästchen „Stimmungslevel" und einer allgemeinen Stimmungswertung von – 10 (sehr negatives Gefühl) bis + 10 (sehr positives Gefühl). Bitten Sie den Klienten, die Situation zu beschreiben. Im S-Kästchen (Situation) lassen Sie ihn dann kurz die externen Umstände vermerken.

Manche Menschen haben Probleme mit der Gedanken-(T-)Komponente, weil sie sich bestimmter Gedanken nicht bewusst sind, die zwischen der Situation (S) und der Emotion (O) auftraten. Ist das der Fall, fahren Sie einfach mit dem O-Kästchen (Gefühle) fort und kommen später auf T (Gedanken) zurück und fragen: *Welche Gedanken haben Sie gehabt oder müssen Ihnen durch den Kopf gegangen sein, um Sie von S nach O zu bringen?* Betonen Sie nochmals, dass Gefühle keine automatischen Ergebnisse der Situation sind, sondern vielmehr Ergebnisse aufgetretener Gedanken, die oftmals so schnell und automatisch auftauchen, dass wir uns dessen nicht bewusst sind.

Im O-Kästchen sollte der Klient seine spezifischen Empfindungen sowie einen Namen für den emotionalen Zustand eintragen. Wie hat er sich in der Situation **gefühlt?** Helfen Sie ihm, zwischen Gedanken und Gefühlen zu unterscheiden. Wenn der Klient z.B. sagt: *Ich fühlte, dass ...*, ist es fast immer ein Gedanke, keine Emotion (z.B.: *Ich spürte, dass man mich unfair behandelte.*). Hören Sie auf ein implizites „dass" in der Aussage: *Ich spürte, ich wurde unfair behandelt.* Falls „dass" in die Aussage passt, dann ist es kein Gefühl (s.a. Kap. 6.4.5, Ich-Botschaften).

Fragen Sie den Klienten beim R-Kästchen, was er als Reaktion auf die Situation, den Gedanken oder das Gefühl **gesagt** oder **getan** hat. Wie reagierte der Klient? Lassen Sie ihn hierzu eine kurze Notiz machen.

Als Letztes das C-Kästchen (Konsequenz): Was geschah als Ergebnis? Wie haben andere reagiert oder was hat sich verändert?

Das Entscheidende an einem solchen Gespräch besteht darin, dass Sie und Ihr Klient den Ablauf des Gefühlsprozesses aus einem gewissen Abstand reflektieren. Obwohl es sich vielleicht um ein bedeutendes emotionales Ereignis handelte, kann das Gespräch aufgrund dessen sogar ziemlich unbeschwert sein.

Ist der Klient mit dem Ausfüllen des Arbeitsblattes vertraut, bitten Sie ihn, es wie ein Tagebuch zwischen der heutigen und der nächsten Sitzung zu führen. Geben Sie Ihm einige Blätter mit und regen Sie an, mindestens 3 davon auszufüllen (d.h. 9 spezifische Ereignisse). Er kann Situationen mit **positiven** oder **negativen** Emotionen aufschreiben, beide sind hilfreich.

Automatische Gedanken

Bei der Vorstellung des STORC-Modells haben Sie schon erklärt, dass bestimmte Gedanken zu negativen Emotionen führen können. Fragen Sie Ihren Klienten nach Beispielen, um festzustellen, inwieweit er das Konzept verstanden hat. Manche Klienten haben vielleicht schon von dem Konzept dysfunktionaler Gedanken, von so genannten Giftsätzen, gehört. Wenn möglich, verwenden Sie Beispiele aus dem Arbeitsblatt „Stimmungstagebuch" (s. Arbeitsblatt 16 in Anhang A), um zu zeigen, wie Gefühle und Gedanken verknüpft sind.

Wenn der Klient seine Stimmungen gemäß dem STORC-Modell analysiert, sollten typische automatische Gedanken, die als **Stimmungsverstärker** fungieren, ersichtlich werden. Achten Sie dabei auf Muster und Themen. Die Gedanken können Sie mit Unkraut im Garten vergleichen, das Stück für Stück gejätet werden muss, um Platz für das zu schaffen, was im Garten gedeihen soll.

Betonen Sie, dass Gefühle von vorübergehender Natur sind – sie kommen und gehen. Um ein Gefühl wie Wut fortbestehen zu lassen, muss es gefüttert werden – durch Gedanken. Gewisse Gedanken ständig zu wiederholen, ähnelt dem Prozess, ein Feuer am Lodern zu halten, indem man Scheite hineinwirft. Wenn man aufhört, das Feuer zu füttern oder Holzscheite herausnimmt, wird es letztendlich erlöschen.

Ein anderer Punkt, der einigen Klienten seltsam erscheinen mag, ist: Wir können entscheiden, wie wir über Dinge denken. Das ist ein Kernpunkt, da das Stimmungsmanagement das Ändern der Gedankenmuster, das Jäten des Unkrauts und das Entfernen des Brennstoffs aus dem Feuer beinhaltet.

Der Gedankenveränderungsprozess ist ein zweistufiger Prozess. Als Erstes lernt man, die automatischen Gedanken, wenn sie einem durch den Kopf gehen, zu erkennen. Als Zweites lernt man, sie durch andere Gedanken zu ersetzen. So ist z.B. die Verbitterung über das eigene Schicksal ein bekanntes Thema. Es kann verdeutlichen, wie Gedanken negative Gefühle nähren, was in der Folge wiederum zum Trinken führen kann.

Wie bei allen Hausaufgaben sollten Sie auch das Stimmungstagebuch zu Beginn der nächsten Sitzung aufgreifen. Fragen Sie nach den Beobachtungen, loben Sie den Klienten reichlich für das Ausfüllen und gehen Sie seine Beobachtungen zusammen durch. Achten Sie sowohl auf inhaltliche Muster als auch auf verzerrte Denkprozesse. Im Folgenden sind einige herkömmliche fehlerhafte, von David Burns [1990] beschriebene Denkprozesse aufgeführt:

▲ **Filtern** beinhaltet selektive Aufmerksamkeit, wobei nur auf bestimmte Elemente einer Situation geachtet wird, während andere ignoriert werden.

▲ **Schwarz-Weiß-Denken** klassifiziert die Realität in Entweder-oder-Kategorien, ohne das vorhandene Spektrum zu erkennen. (Die Alternative zum Schwarz-Weiß-Denken ist das farbige Spektrum des Regenbogens, anstatt alles in Grau zu sehen.)

▲ **Übermäßige Verallgemeinerung** beinhaltet umfassende Schlussfolgerungen, die auf begrenzter Grundlage basieren (z.B. eine Mücke zum Elefanten machen).

▲ **Gedankenlesen** stellt Vermutungen darüber auf, was andere denken und fühlen, was ihre Aktionen auslöste etc.

▲ **Katastrophisieren** ist die Annahme, dass immer nur das Schlimmste eintreten wird.

▲ **Personalisieren** bedeutet, jede Erfahrung auf den eigenen persönlichen Wert zu beziehen.

▲ **Schuldzuweisen** macht andere verantwortlich für die eigenen Probleme.

▲ **Müsste** oder **sollte** können rigide, nicht hinreichend flexible Regeln sein, die menschliche Schwächen nicht in Betracht ziehen.

▲ **Emotionales Folgern** liegt vor, wenn Gefühle das Realitätsdenken überrollen (wenn man es fühlt, muss es wahr sein).

▲ **Trugschluss externaler Kontrolle** ist die Überzeugung, dass man keine Macht oder Verantwortung über das Geschehen im eigenen Leben hat.

▲ **Trugschluss allmächtiger Kontrolle** ist das gegenteilige Muster: zu glauben, dass man alles kontrolliert (oder dafür verantwortlich ist).

Lesen Sie diese Liste dem Klienten **nicht** vor. Sie soll Ihnen lediglich helfen zu erkennen, welche systematischen, automatischen Verzerrungen auftreten könnten. Identifizieren Sie zusammen mit Ihrem Klienten die Denkfehler, die bei ihm zu negativen Emotionen führen.

Es wäre nicht im Sinne der ASP, mit Ihrem Klienten darüber zu streiten, ob seine Gedanken richtig sind oder falsch. Bitten Sie ihn vielmehr zu überlegen, ob es ihm möglich wäre, die Situation anders zu sehen oder zu interpretieren. Es geht nicht darum zu sagen *Sie haben Unrecht*, sondern zu zeigen, wie unterschiedliche Arten des Denkens zu unterschiedlichen Wirklichkeiten führen (O, R und C). Unabhängig von der Situation haben Menschen immer die Wahl, wie sie über ihre Lage denken. Dies eröffnet einem auch die Freiheit zu wählen, wie man das Leben fühlt.

Giftsätze hinterfragen

Der letzte Aspekt führt zum nächsten Schritt: Giftsätze zu hinterfragen und Gegenmittel zu finden – das Ausprobieren neuer Wege des Denkens und Seins. Haben Sie bereits Denkmuster identifiziert, die zu negativen Emotionen führen, arbeiten Sie gemeinsam daran, die Gedanken zu hinterfragen und zu ersetzen. Betonen Sie wiederholt, dass der Klient die Freiheit hat, seine Gedanken auszuwählen. Er muss dabei aber nicht auf bestimmte Weise denken, denn dann hätte man nur eine Verzerrung eingeübt. Der Klient kann **wählen**, wie er über Situationen (S) denkt, und demzufolge kann er auch wählen, wie er sich darin fühlt (O) oder wie er reagiert (R). Das wiederum beeinflusst, was in der äußeren Welt des Klienten geschieht (C). Es ist nicht Ihre Aufgabe, dem Klienten richtige oder vernünftige Gedanken vorzuschreiben. Es ist vollkommen in Ordnung, verschiedene Interpretationen vorzuschlagen, wenn der Klient stecken bleibt, aber lassen Sie ihn zuerst die Vorschläge machen.

Tab. 6.2: Beispiel für ausgefülltes Arbeitsblatt „Neue Gedanken"

Automatischer negativer Gedanke	Resultierende Gefühle	Gedankenersatz (neuer Gedanke)	Resultierende Gefühle
Ich bin ein wirklicher Verlierer	Entmutigt	• Ich fühle mich gerade einsam, aber ich werde mich wahrscheinlich morgen früh besser fühlen	Friedlicher Hoffnungsvoller
Das wird sich niemals ändern	Einsam		
Ich werde immer so sein	Deprimiert	• Was könnte ich tun, außer vor dem Fernseher zu sitzen?	

Betrachten Sie dieses Vorgehen als die Kreation einer Gedankenspeisekarte, aus der Ihr Klient sich ein Gedankenmenü zusammenstellt.

Es gibt 2 grundlegende Methoden, Giftsätze zu bekämpfen. Eine Methode ist, anders zu **denken** (T) – d.h. mit sich selbst zu sprechen. Eine weitere ist, sich anders zu **verhalten** (R), so zu handeln, **als ob** andere Annahmen bereits wahr wären (im Sinne einer selbsterfüllenden Prophezeiung). Genau wie negative Stimmungen entweder durch Gedanken oder Aktionen verstärkt werden können, kann ihnen auf die gleiche Weise entgegengearbeitet werden.

Stellen Sie das Arbeitsblatt „Neue Gedanken" (s. Arbeitsblatt 17 in Anhang A) vor und arbeiten Sie gemeinsam ein spezielles Beispiel durch (s. Tab. 6.2). Das Arbeitsblatt kann dann als Hausaufgabe weitergeführt werden.

6.2.6 Handlungsalternativen entwickeln

Analysieren Sie auf die gleiche Weise, wie der Klient in Situationen mit negativen Stimmungen **handelt** (R) und wie seine Handlungen die Stimmungen verstärken. Suchen Sie nun nach Handlungsalternativen. Auch hier ist die Möglichkeit der freien Wahl besonders zu betonen. Beispiele von Verhaltensweisen, die negative Stimmungen verstärken, sind:

◢ Rückzug
◢ Streiten
◢ Schmollen
◢ Alkoholkonsum
◢ aggressives Fahren
◢ Rauchen
◢ Kritisieren
◢ Beschuldigen

Wieder ist es nicht Ihre Aufgabe zu kritisieren oder das Verhalten Ihres Klienten zu korrigieren. Bitten Sie ihn stattdessen, zusammen mit Ihnen zu überlegen, was er sonst hätte tun können und welche unterschiedlichen Konsequenzen darauf hätten folgen können. Ziel ist, eine Liste verschiedener Reaktionsmöglichkeiten zu erstellen, die positive Effekte auf Stimmungen haben.

Es gibt unzählige Alternativen zum Alkoholkonsum, z.B.:

◢ jemanden anrufen
◢ ins Kino gehen
◢ ein heißes Bad nehmen
◢ zu einer Selbsthilfegruppe gehen

Es kann sich jedoch ziemlich abgedroschen anhören, die Dinge aufzulisten, die ein Klient anstelle des Trinkens tun könnte. Es ist am besten, den Klienten eigene Ideen entwickeln zu lassen – er hat sowieso die besseren Ideen. Das Ausprobieren der Handlungsalternativen ist der Schlüssel zum Erfolg. Ermutigen Sie den Klienten zum Experimentieren, um zu sehen, was geschieht. Verabreden Sie spezifische Aufgaben, die sich ganz besonders auf die eigenen Ideen des Klienten beziehen sollten. Während des Stimmungsmonitorings kann es hilfreich sein, neu ausprobierte Gedanken und Antworten zu notieren.

6.2.7 Anwendung des STORC-Modells bei Trinkdruck

Das Verfahren kann auch zum Analysieren von Trinkdruck eingesetzt werden. Positive Veränderungen können in jedem Glied der Kette auftreten. Trinkdruck geht oft mit Grübelei (also Selbstgespräche) einher, was wiederum einen verstärkenden Effekt haben kann. Gedanken zu ersetzen und anders zu handeln kann dem Trinkdruck entgegenwirken und ihn abschwächen.

Versteckte automatische Selbstgespräche machen es schwer, den Trinkdruck zu beherrschen:

Ich brauche jetzt ein Bier. Ich kann das nicht aushalten. Der Druck wird stärker und stärker, bis ich platze oder trinke.

Andere Arten der Selbstgespräche können helfen, den Druck zu vermindern:

Obwohl ich mich entschlossen habe, abstinent zu bleiben, braucht mein Körper eine Weile, es zu verstehen. Das Gefühl ist unangenehm, aber es wird in einigen Minuten vorbeigehen. Ich werde es überwinden.

Die Schritte sind die gleichen:

1. Ermitteln Sie die Komponenten, die den Trinkdruck hervorrufen:

◢ Wie ist die Situation?

◢ Welche automatischen Gedanken erschweren den Umgang mit Trinkdruck?

◢ Wie reagiert der Klient, wenn er Trinkdruck verspürt (und als solchen bezeichnet)?

2. Finden Sie neue Gedanken, um den Trinkdruckgedanken zu widersprechen. Im Folgenden einige Beispiele von Substitutionen, die von Personen, die die Abstinenz erfolgreich beibehielten, angewandt wurden:

◢ *Wo ist der Beweis? Gibt es einen Hinweis darauf, dass ich, wenn ich in den nächsten 10 Minuten nichts trinke, sterben werde? Ist irgendjemand, der abstinent war, jemals daran gestorben, dass er nicht getrunken hat? Wer sagt, dass abstinente Leute nicht von Zeit zu Zeit diese Gefühle haben? Was ist der Beweis, dass mit mir etwas nicht stimmt? Wer sagt, dass ich nicht abstinent bleiben kann?*

◢ *Was ist so schlimm daran? Was ist so schlimm daran, sich einmal schlecht zu fühlen? Natürlich kann ich es überleben. Wer hat je behauptet, trocken zu bleiben wäre einfach? Was ist so schrecklich oder ungewöhnlich an Trinkdruck? Wenn ich durchhalte, wird es mir bald schon wieder besser gehen. Trinkdruck ist nicht wie Hungrig- oder Durstigsein oder wie aufs Klo zu müssen. Es ist eher wie Heißhunger auf etwas, das man gerade sieht – das geht schnell vorüber.*

◢ *Ich muss nicht perfekt sein. Ich mache auch Fehler. Ich kann manchmal nervig oder gedankenverloren sein. Es ist sicher manchmal schwer, mit mir auszukommen. Zu anderen Zeiten bin ich konzentrierter, liebevoller und liebenswert. Menschen machen Fehler. Das ist Teil des Lebens und absolut menschlich.*

6.3 Umgang mit Trinkangeboten und sozialem Druck

6.3.1 Sozialer Druck

Sozialer Druck kann bei vielen Klienten zu einem Ausrutscher und Rückfall führen. Daher kann der geschickte Umgang mit sozialem Druck zur Prävention eines Rückfalls beitragen. Es werden 2 Arten von sozialem Druck unterschieden:

◢ indirekter Druck

◢ direkter Druck

Indirekter sozialer Druck beschreibt Situationen, in denen Trinkdruck oder die Versuchung zum Trinken entstehen, selbst wenn der Klient keinen Alkohol angeboten bekommt. Er kann sich z.B. ausgeschlossen fühlen, wenn er andere beobachtet, die trinken und Spaß haben. Daraufhin kann er Trinkdruck verspüren und versucht sein zu trinken, um seine Anspannung abzubauen.

Einige Beispiele für solche Situationen sind:

◢ Partys oder Betriebsfeiern, wo Freunde oder Kollegen Alkohol trinken
◢ Treffen mit ehemaligen Trinkkumpanen
◢ Umfeld, das Alkoholkonsum fördert (z.B. Kneipe)
◢ Situationen oder Treffen, die ihn an seiner Fähigkeit zweifeln lassen, sie ohne Alkohol bewältigen zu können (z.B. bei Schüchternheit oder sozialer Phobie)

Eine bewährte Strategie für den Umgang mit indirektem sozialem Druck ist das Meiden solcher Situationen. Da Alkohol ein integraler Bestandteil vieler sozialer Ereignisse ist, wird es dem Klienten unmöglich sein, alle Situationen zu meiden, in denen Alkohol konsumiert wird. Das erfordert überlegte Entscheidungen, welche Situationen zu meiden sind und welche sich nicht vermeiden lassen. Für Letzteres braucht der Klient für ihn wirksame Bewältigungsstrategien. Als hilfreich erwiesen haben sich:

◢ Möglichkeit offen lassen, die Situation zu verlassen, falls die Versuchung zu groß wird
◢ Einladung einer abstinenten Begleitung, um mit eventuellen Versuchungen umzugehen
◢ Planen von alternativen Aktivitäten während des Ereignisses, um Trinkdruck zu minimieren

Direkter sozialer Druck beinhaltet fast immer das Angebot alkoholischer Getränke. Das kann zu einer erhöhten Versuchung führen, Alkohol zu konsumieren. Die Person, die dem Klienten Alkohol anbietet, weiß vielleicht nicht, dass der Klient mit dem Trinken aufzuhören versucht, und insistiert auf verschiedene Weise auf dem Angebot. Die Ablehnung des Angebots wird mögli-

cherweise mit erhöhtem Druck beantwortet. Beispielsweise kann der Klient in einem Restaurant von der ahnungslosen Bedienung gefragt werden: *Möchten Sie ein Glas Wein trinken?* Oder ein Kollege fragt ihn: *Kommst du mit auf ein paar Bier?* Oder der Klient wird mit einem Verwandten auf einer Hochzeitsfeier konfrontiert: *Na los, das hier ist eine Party. Du musst mit uns anstoßen!* Oder ein alter Trinkkumpel, der folgendermaßen reagiert: *Ich dachte, wir wären gute Freunde, und nun sagst du, du kannst nicht mit mir trinken? Du hast schon so oft versucht, mit dem Trinken aufzuhören, und hast es nie geschafft, deshalb tu uns beiden einen Gefallen und gib's auf!*

In solchen Situationen muss der Klient über gute Fertigkeiten verfügen, die Angebote abzulehnen. Um zu lernen, wie man mit Angeboten verschiedener Personen und deren Reaktion auf die Ablehnung umgeht, ist manchmal intensives Üben erforderlich. Es gibt zwar allgemeine Richtlinien, die der Klient für ein wirkungsvolles Ablehnen des Trinkens erlernen kann, aber das freundliche und zufällige Angebot einer Bedienung oder eines Kollegen erfordert eine andere Reaktion als ein beharrliches, aggressives Angebot eines engen Freundes oder Familienmitglieds. Die ablehnende Haltung hängt ab von:

◢ Alkohol anbietende Person
◢ Intensität des Angebots
◢ Reaktion der Person auf die Ablehnung
◢ weitere situative Aspekte

Das Ablehnen ist oft viel schwieriger, als der Klient annimmt. Rollenspiele ermöglichen das Üben verschiedener Ablehnungsstrategien (Klienten empfinden Übung oftmals als ein einfacheres Konzept als Rollenspiel). Sie sind besonders sinnvoll, wenn der Klient Probleme mit seinem Durchsetzungsvermögen hat, es ihm schwer fällt, effektive Antworten zu finden, oder wenn er sich ängstlich fühlt. Rollenspiele bieten die Gelegenheit, ein Feedback über die Wirksamkeit seiner Ablehnungsstrategien zu erhalten, seine Ablehnungsfertigkeiten zu vervollkommnen und sein Selbstvertrauen im Umgang mit sozialem Druck zu verstärken.

Wie der Klient mit sozialem Druck umgeht, wird zweifellos durch sein Verhältnis zu den Menschen, die ihm den Alkohol anbieten, beeinflusst. Deshalb ist es wichtig zu überprüfen, wie er mit sozialem Druck von bestimmten Menschen umgeht. Beispielsweise kann es für ihn schwieriger sein, Familienfeste zu meiden als die örtliche Kneipe, oder das Alkoholangebot eines engen Freundes abzulehnen, der dann beleidigt ist, als das eines flüchtigen Bekannten, der höflich ist. Aus diesem Grunde ist es sinnvoll, Ablehnungsfertigkeiten in Zusammenhang mit verschiedenen Beziehungskontexten zu üben.

Dabei sind sowohl Gedanken als auch Verhalten involviert. Welche Situationen mit Alkoholkonsum ein Klient meiden will oder wie er Alkohol abzulehnen gedenkt, kann ein Indiz dafür sein, wie er mit sozialem Druck zurechtkommt.

So sind Klienten oft besorgt, dass

- andere sie als schwach oder als Gesundheitsapostel bezeichnen, weil sie sich zur Abstinenz entschlossen haben.
- sie langweilig sind oder abgelehnt werden, wenn sie nicht trinken.
- sie keine neuen Freunde gewinnen oder alte Freundschaften erhalten können, wenn sie nicht trinken.
- es nicht „richtig" ist, ein Getränk abzulehnen, wenn jeder bei dieser Angelegenheit trinkt.
- sie eine Beziehung zu einem starken Trinker nicht aufgeben wollen, nur weil sie (die Klienten) aufgehört haben zu trinken.
- sie aufdringlich sind oder andere beleidigen, wenn sie sich ausdrücklich gegen Alkoholkonsum aussprechen.

Es ist wichtig herauszufinden, wie der Klient über Abstinenz denkt. Es ist oft zu hören: *ich kann nicht trinken* oder: *ich darf nicht trinken,* als ob eine fremde Autorität ihnen Regeln und Begrenzungen auferlegt. Das kann zu einer Art „kognitiver Klaustrophobie" führen, gegen die sich der Klient letztendlich auflehnen wird. Das wiederum macht es einfacher, direktem oder indirektem sozialen Druck nachzugeben.

6.3.2 Durchführung des Moduls

Gehen Sie Situationen mit indirektem und direktem sozialen Druck durch und finden Sie heraus, welche Form der Klient als die für ihn gefährlichere ansieht. Verwenden Sie das Arbeitsblatt „Soziale Drucksituationen und Bewältigungsstrategien" (s. Arbeitsblatt 18 in Anhang A). Wir empfehlen, das ausgefüllte Arbeitsblatt zu kopieren, sodass Sie dem Klienten eine Kopie geben und eine für Ihre Akte einbehalten können. Es ist nicht immer notwendig, beide Arten des sozialen Drucks ausführlich zu bearbeiten.

Lassen Sie den Klienten eine Liste potenzieller Situationen mit indirektem sozialen Druck aufstellen, die auf ihn zukommen könnten. Beispiele hierfür sind:

- Hochzeiten
- Geburtstage
- Partys
- „Herumhängen" mit trinkenden Freunden
- Zusammenarbeit mit Kollegen, die während der Arbeit trinken
- Familienmitglieder, die angetrunken im Hause des Klienten auftauchen
- Besuche einer Kneipe mit Kollegen

Fragen Sie Ihren Klienten nach Situationen, die er in der Vergangenheit schon erlebt hat. Explorieren Sie aber auch neue Situationen, in denen er die Versuchung zum Trinken verspüren könnte (z.B. eine Flugreise, bei der Alkohol gereicht wird).

Im nächsten Schritt geht es um Situationen mit direktem sozialen Druck. Denken

Sie daran, dass hier nicht nur das tatsächliche Angebot eines alkoholischen Getränks gemeint ist, sondern auch Einladen, Ermutigen, Verleiten, Beschämen und andere Formen des direkten sozialen Drucks. Fragen Sie auch hier nach konkreten Erfahrungen in der Vergangenheit sowie potenziellen zukünftigen Situationen. Auch sie werden in der linken Spalte des Arbeitsblattes (s. Arbeitsblatt 18 in Anhang A) eingetragen. Hat der Klient Schwierigkeiten, potenzielle Problemsituationen aufzulisten, steht Ihnen das Arbeitsblatt „Checkliste sozialer Drucksituationen" (s. Arbeitsblatt 19 in Anhang A) als Hilfsmittel zur Verfügung.

Nach dem Zusammenstellen der Drucksituationen geht es um die Bewältigungsstrategien. Sie sollten betonen, wie hilfreich es ist, die Strategien gründlich durchdacht und geübt zu haben. Gut vorbereitet zu sein kann den Unterschied zwischen Abstinenz und Rückfall ausmachen. Natürlich wird es immer Situationen geben, auf die der Klient nicht vorbereitet ist, aber je mehr Strategien er geübt hat, desto besser ist er für das Unerwartete gewappnet. Deshalb ist es wichtig, die verschiedenen Fertigkeiten zu **üben** und nicht nur darüber zu reden.

Erläutern Sie die 2 folgenden Basisstrategien:

◤ *Vermeiden Sie Situationen, in denen Sie wahrscheinlich sozialem Druck ausgesetzt sind.*

◤ *Bereiten Sie konkrete Strategien vor, falls Sie die Situationen nicht vermeiden können oder wollen. Es wäre auch sinnvoll, einen Fluchtplan bereitzuhalten, um aus der Situation aussteigen zu können, wenn die Versuchung doch zu groß wird.*

Hier bedarf es einer bewussten Entscheidungsfindung. Welche Situationen mit Trinkgelegenheiten will bzw. kann der Klient vermeiden? Bitten Sie ihn, Situationen auf dem Arbeitsblatt (s. Arbeitsblatt 18 in Anhang A) zu notieren, die er am besten vollständig meiden sollte (lassen Sie ihn Vermeiden als Bewältigungsstrategie in die rechte Spalte eintragen). Explorieren Sie mögliche Gedanken, Gefühle und Probleme, die im Zusammenhang mit der Vermeidung der Situationen auftreten könnten. Achten Sie auch auf Gedanken oder Gefühle, die sich der Vermeidung entgegenstellen könnten. Gibt es vorhersehbare negative Konsequenzen im Falle der Vermeidung? Fühlt sich der Klient beispielsweise schuldig, wenn er Freunde oder Familienmitglieder meidet, oder macht er sich darüber Gedanken, wie es andere empfinden, wenn er den Situationen aus dem Weg geht? Nimmt er an, er sei schwach, weil es für ihn notwendig ist, die gefährlichen Situationen zu umgehen?

Selbst wenn der Klient vorhat, die Situationen zu meiden, kann er ihnen doch ausgesetzt sein. Über welche weiteren Bewältigungsstrategien verfügt er, und welche wendet er an? Betonen Sie die Notwendigkeit, mehr als nur eine Strategie für riskante Situationen zur Hand zu haben.

In Übereinstimmung mit MI sollten Sie immer zuerst Ihren Klienten Wege vorschlagen lassen, mit denen er Situationen mit sozialem Druck handhaben möchte. Das beinhaltet das Ermitteln von erfolgreicher Trinkverweigerung in der Vergangenheit. Klienten wissen meist sehr genau, was bei ihnen funktionieren würde, häufig viel besser als der Therapeut. Es ist kein Fehler, Strategien vorzuschlagen, aber für den Klienten ist es wichtig, sich die Strategien anzueignen und sie zu akzeptieren. Um Szenarien wie *Ja, aber ...* zu vermeiden, ist es angebracht, verschiedene Vorschläge zu unterbreiten und anschließend den Klienten zu fragen, welche davon ihm am sinnvollsten erscheinen. Falls Sie zu einer vom Klienten vorgeschlagenen Bewältigungsmethode ernsthafte Bedenken haben, wenden Sie das Bedarfsmodul „Bedenken äußern" an (s.a. Kap. 5.2). Entwickeln Sie mindestens eine Strategie für jede riskante Situation (mehrere sind natürlich besser) und notieren Sie sie auf dem Arbeitsblatt (rechte Spalte). Unterscheiden Sie zwischen Situationen, die der Klient meiden möchte, von denen, die für die aktiven Bewältigungsstrategien notwendig sind.

6.3.3 Bewältigungsstrategien einüben

Es reicht nicht aus, über mögliche Strategien zu reden. Sorgen Sie dafür, dass der Klient die Strategien auch tatsächlich **übt**, damit er lernt, die passenden Antworten zu geben.

Bereiten Sie eine Sequenz von Antworten mit ansteigender Stärke der Ablehnung vor, z.B.:

▲ 1. Antwort: *Nein danke.*

▲ 2. Antwort: *Nein danke. Ich will wirklich nichts trinken.*

▲ 3. Antwort: *Hör mal, ich trinke derzeit nicht, und das ist sehr wichtig für mich. Ich würde es wirklich begrüßen, wenn du mich als guter Freund dabei unterstützt und aufhörst zu versuchen, mich zum Trinken zu überreden.*

Erarbeiten Sie mit dem Klienten solche Sequenzen für Situationen, in denen die andere Person auf ihrem Angebot besteht. Ziel ist es, Antworten zu finden, die deutlich und entschlossen, aber dennoch freundlich und respektvoll sind. Im Folgenden einige Kriterien zum Ausdrücken kompetenter, effektiver Ablehnungsantworten:

▲ *Schauen Sie die Person direkt an, halten Sie Augenkontakt und geben Sie Ihre Antwort.*

▲ *Vage Entschuldigungen sind nicht angebracht und können gefährlich werden, da Sie damit ein weiteres Angebot einladen (Ich möchte jetzt nicht trinken, weil ich Kopfschmerzen habe, aber vielleicht später…; Nicht jetzt, es ist zu früh am Tag …).*

▲ *Halten Sie Ihre Antwort kurz, klar und einfach. Lange Erklärungen sind nicht notwendig und neigen zur Ausweitung der Diskussion über das Trinken.*

Falls die Situation einen Alternativvorschlag vertretbar macht, kann der Klient eine Aktivität vorschlagen, die Alkoholkonsum ausschließt. Hier wäre eine deutliche Antwort: *Lass uns doch lieber ins Fitnessstudio oder ins Kino gehen als in die Kneipe.* Eine solche Antwort verhindert das Trinken, lässt aber die Möglichkeit der Teilnahme an sozialen Aktivitäten offen.

Eine nützliche Strategie ist die „Sprung-in-der-Schallplatte-Technik". Bei der Methode äußert der Klient eine einfache, klare Botschaft, die auf jede weitere drängende Aussage wiederholt wird. Zusätzlich können Teile der Aussage der anderen Person anerkannt werden, direkt gefolgt von einem erneuten „Sprung".

Betonen Sie, dass das Üben sehr wichtig für die effektive Anwendung und das Selbstvertrauen ist. Lassen Sie den Klienten eine Situation zum Üben vorschlagen. Verfügt er bereits über wirksame Fertigkeiten, lassen Sie ihn die Ablehnungsrolle übernehmen, während Sie versuchen, ihn zum Trinken zu überreden. Anderenfalls soll der Klient Sie zum Trinken drängen, während Sie gute, kompetente Ablehnungen vorführen.

Fragen Sie ihn nach Details über die anbietende Person, wo das Angebot stattfindet, wer sonst noch anwesend ist und alles, was sein Trinken zum Zeitpunkt des Angebots beeinflussen könnte, um die Rollenspielsituation vorzubereiten. Erklären Sie ihm, dass die spezifischen Informationen Ihnen helfen, ein realistisches Rollenspiel zu konstruieren, damit er das meiste aus der Übung lernen kann. Probieren Sie es dann aus. Wenn der Klient die Ablehnungsrolle übernimmt, gestalten Sie das Rollenspiel zunächst einfach und gehen dann langsam zu schwierigeren Szenarien über. Hierzu einige allgemeine Hinweise:

▲ Überprüfen Sie nach jedem Rollenspiel, ob die Übung beim Klienten Trinkdruck ausgelöst hat, wie er sich bei der Ablehnung des Angebots fühlte und ob er die

Ablehnung als effektiv oder als verbesserungswürdig erlebte.

◢ Geben Sie viele ehrliche Rückmeldungen zu den Antworten.

◢ Suchen Sie nach spezifischen Dingen, die der Klient gut gemacht hat, und heben Sie diese hervor.

◢ Lassen Sie ihn wissen, was an seinen Antworten gut war und was daran verbessert werden könnte.

◢ Gehen Sie behutsam vor.

◢ Üben Sie die gleiche Situation so oft wie notwendig, um Selbstvertrauen und Ausführung zu verbessern.

Wird die Ablehnung eines Angebots von dem Klienten als besonders belastend empfunden, obwohl er sie kompetent ausgeführt hat, ist es möglicherweise wichtig, in der wirklichen Situation Unterstützung zu haben. Wen könnte der Klient zu Hilfe nehmen, und was würde er zu der Person sagen, um Unterstützung zu bekommen?

Nimmt eine WP an der Sitzung teil, kann sie mit einbezogen werden und die Rolle der Person übernehmen, die den Klienten zum Trinken drängt. Die Übung kann sich in zweifacher Hinsicht auszahlen. Einerseits kann der Klient die Trinkablehnung mit einer realen Person üben, die einen realistischen sozialen Druck ausübt. Andererseits kann die WP ihre Fertigkeiten aufbauen, den Klienten in seinen Abstinenzbemühungen zu unterstützen.

Fassen Sie am Ende der Sitzung zusammen, was Sie gemeinsam erarbeitet haben. Besprechen Sie auch die vom Klienten gewählten Bewältigungsstrategien. Wiederholen Sie die verschiedenen Möglichkeiten zum Umgang mit sozialem Druck einschließlich Vermeidung, Flucht, sozialer Unterstützung und Trinkablehnung.

Fragen Sie den Klienten in der nächsten Sitzung, ob er weiter üben möchte, um selbstsicherer zu werden. Ergeben sich während des Moduls neue Risikosituationen,

ergänzen Sie diese und deren Bewältigungsstrategien auf dem Arbeitsblatt (s. Arbeitsblatt 18 in Anhang A).

6.4 Soziale Kompetenz

6.4.1 Überblick

Interpersonelle Konflikte und Ärger können zu Auslösern für einen Ausrutscher bzw. Rückfall werden. Das Erlernen sozialer Kompetenzen verbessert bei vielen Klienten nachweislich die Behandlungsergebnisse. Daher bietet die ASP ein Modul für das Training sozialer Kompetenz an. In diesem Modul üben die Klienten, sich deutlich und angemessen gegenüber anderen auszudrücken, eine akzeptable Kommunikationsmethode anzuwenden und ihre persönlichen Defizite in interpersonellen Konfliktsituationen zu verbessern. Wenn Klienten lernen, sich besser auszudrücken, sind sie bei der Lösung von interpersonellen Konflikten eher in der Lage, Verhaltensmuster zu vermeiden, die zu Anspannung und negativen Stimmungslagen führen. Das Modul konzentriert sich auf die **expressiven** Aspekte der Kommunikation. Der **rezeptive** Aspekt der Kommunikation (Zuhören) wird im Modul „Kommunikationsfertigkeiten" (s. Kap. 6.5) behandelt. Die Anwendung beider Module ist empfehlenswert.

Es ist wichtig daran zu denken, dass sich kompetente Kommunikation in verschiedenen sozialen Gruppen und Subkulturen unterscheidet. Was in einer Großstadt wie Berlin als normale, kompetente Kommunikation angesehen wird, könnte im sozialen Kontext eines Dorfes oder einer Kleinstadt als aggressives oder unangebrachtes Verhalten angesehen werden. Das Prinzip, eine sozial angebrachte Mitte (zwischen Aggression und Passivität) zu finden, ist jedoch auf alle Kulturen und soziale Schichten anwendbar. Es bedarf einer gewissen Sensitivität bei der Bestimmung des angebrachten kommu-nikativen Verhaltens für jeden einzelnen Klienten.

6.4.2 Begründung

Einer der Gründe, warum Menschen in Si-tuationen trinken, in denen sie negative Emotionen empfinden (z.B. wütend, nervös, schüchtern oder deprimiert sind), ist die Annahme, Alkohol würde ihnen in solchen Situationen helfen. Sie meinen, Alkohol unterstütze sie dabei, sich zu beruhigen, ihre Meinung zu sagen, ihre Gefühle auszudrü-cken oder sich für ihre Rechte einzusetzen. Alkohol wird auch benutzt, um Emotionen zu verdecken, die mit der Unfähigkeit zu-sammenhängen, sich in schwierigen oder beschämenden Situationen zu behaupten. Das Fehlen sozialer Kompetenz in Beziehun-gen mit anderen Menschen kann letztlich auch in Situationen ohne direkten Alkohol-bezug zum Konsum führen.

Unterdrückte Gefühle können mit der Zeit stärker werden, was wiederum zu aggres-siven Ausbrüchen führen kann. Als Ergebnis entsteht oft ein Muster von abwechselnd passiver (unterdrückte Gefühle) und aggres-siver Kommunikation (starke Gefühlsausbrü-che). Dann schafft Alkoholkonsum manch-mal schnelle Erleichterung und lässt den Klienten für eine Weile sein Problem verges-sen. Der Alkohol kann die Ursache des Pro-blems jedoch nicht lösen, und so tritt dassel-be Problem immer wieder auf, wobei es sich im Laufe der Zeit meist verschlimmert.

Mit sozialer Kompetenz kann die Ursa-che des Problems gefunden und bearbeitet werden. Dabei ist zu verhindern, dass der Klient in passive oder aggressive Kommuni-kation verfällt und dann zur Erleichterung trinkt.

Dieses Modul konzentriert sich darauf, Gefühle auf eine konstruktive Weise auszu-drücken.

6.4.3 Schritt 1 – Situationen, in denen soziale Kompetenz notwendig ist

Als 1. Schritt ist es wichtig, Situationen zu er-kennen, die soziale Kompetenz erfordern. Er-stellen Sie mit dem Klienten eine Liste von Situationen (s. Arbeitsblatt 20 in Anhang A), die bei ihm starke Emotionen wie Wut, Widerwillen, Scham oder Frustration auslö-sen. Hierbei bieten sich Fragen an wie:
- ◢ *Wann war das letzte Mal, als Sie jemanden kritisiert haben?*
- ◢ *Wann war das letzte Mal, als Sie von jeman-dem kritisiert wurden?*

Erklären Sie den Unterschied zwischen sozial kompetenter und passiver bzw. aggressiver Kommunikation. Beziehen Sie Ihren Klien-ten während des gesamten Prozesses aktiv in die Diskussion mit ein. Bitten Sie wiederholt um Feedbacks, Beispiele, Fragen, Unstim-migkeiten, Bedenken etc. Vergessen Sie nicht, die WP (falls anwesend) mit einzube-ziehen.

6.4.4 Schritt 2 – Definition sozialer Kompetenz

Soziale Kompetenz bedeutet, dass ein Mensch seine Meinung, Gefühle oder seinen Wunsch ausspricht, ohne andere dabei zu verletzen. Manchmal ist es nur eine Mei-nungsäußerung, ein anderes Mal ist es die Bitte an einen Menschen, sein Verhalten zu ändern.

Grundüberzeugung
Um soziale Kompetenz effektiv zu lernen, bedarf es zweier allgemeiner Grundsätze, denen der Klient zustimmen sollte:
- ◢ Ich habe das Recht, meine Gefühle aus-zudrücken. Ich darf anderen zustimmen oder ihnen widersprechen, und ich darf sie bitten, ein mich betreffendes Verhal-ten zu ändern.

◢ Alle anderen Menschen haben das Recht, ihre Gefühle auszudrücken. Sie dürfen mir zustimmen oder auch widersprechen, und sie dürfen mich bitten, dass ich ein sie betreffendes Verhalten ändere.

Diese Grundüberzeugungen sollten Sie mit Ihrem Klienten durchsprechen und fragen, ob er damit übereinstimmt. Sie werden möglicherweise andere Grundüberzeugungen aufdecken, die mit dem Klienten bearbeitet werden müssen, damit er die egalitäre Grundhaltung für soziale Kompetenz akzeptieren kann.

Gegenüberstellung passiver, aggressiver und sozial kompetenter Kommunikation

Soziale Kompetenz ist der Mittelweg zwischen zwei Extremen.

Passive Kommunikation. Wenn ein Mensch aufgrund von Meinungsverschiedenheiten einen Konflikt befürchtet und deshalb entweder schweigt, die eigenen Gefühle herunterspielt oder durch Rückzug, Schmollen oder Isolation versucht, dem anderen eine Botschaft auf indirekte Weise zu vermitteln, bezeichnen wir das als passive Kommunikation. Gedanken oder Gefühle, die Konflikte herbeiführen könnten, werden nicht direkt ausgedrückt, und so ahnt der andere nichts davon. Die passive Kommunikation kann zum unbewussten Aufstauen von Gefühlen führen, selbst wenn die Situation es nicht erfordert. Daraus können entweder Angst und Ärger resultieren oder – alternativ – depressive Symptome, da sich der Betroffene größtenteils selbst die Schuld zuweist.

Passive Kommunikation wird außerdem oft missverstanden. Ein Klient könnte z.B. äußern: *Ich habe nicht mit ihr gesprochen – sie wusste, was ich wollte, weil ich so ruhig war, und so bin ich halt.* Er glaubt, dass Nichtkommunizieren von anderen genau verstanden wird (Gedankenlesen) und nimmt es dann übel, wenn seine Rechte und Gefühle nicht

respektiert werden. Ein Mensch, der sich auf passive Kommunikation verlässt, bekommt sehr selten, was er will. Zugleich nehmen die anderen vielleicht gerade seine Art von Kommunikation übel und lehnen sogar auch ihn ab, weil er sich weder direkt noch verständlich ausgedrückt hat.

Aggressive Kommunikation. Aggressive Kommunikation bedeutet, dass Menschen ihre Rechte erzwingen wollen, während sie gleichzeitig die Rechte anderer missachten. Ein aggressiver Druckmacher erreicht oft das kurzfristige Ziel (Dampf abzulassen; zu bekommen, was er will), aber die längerfristigen Konsequenzen dieses Kommunikationsstils sind meist negativ. Der Aggressive löst bei anderen Abneigung aus, sie wollen nichts mehr mit ihm zu tun haben oder werden sogar seine Langzeitziele durchkreuzen. Aggressive Kommunikation ist nicht nur auf Gewalttätigkeit oder angedrohte Gewalt begrenzt. Direkte verbale Formen aggressiver Kommunikation sind u.a.:

◢ Schreien
◢ Beschimpfen
◢ Schimpfnamen geben
◢ Beleidigen
◢ Beschämen
◢ Fordern
◢ Höhnen
◢ Befehlen

Sozial kompetente Kommunikation. Sozial kompetente Kommunikation beinhaltet, dass Menschen sich direkt und in einer Art ausdrücken, die die Rechte und Gefühle anderer respektiert. Sozial kompetente Kommunikation ist planvoll: Auf der Grundlage der bewusst wahrgenommenen eigenen Gefühle, Bedürfnisse oder Ziele wird ein Plan entwickelt, um diese anderen Menschen zu vermitteln. Genau der Plan wird dann auch verfolgt. In der Regel ist es am effektivsten, Gefühle, Meinungen und Änderungswünsche offen und direkt auszusprechen. In verschiedenen Situationen kann natürlich auch passive Kommunikation angebracht sein (z.B. als Antwort auf die Bedrohung durch einen Fremden); manchmal ist auch ein aggressiveres Vorgehen angebrachter (z.B. wenn berechtigte, angemessen formulierte Forderungen ignoriert wurden). Sozial kompetente Kommunikation ist flexibel, da sie die individuellen Unterschiede und Anforderungen einer Situation berücksichtigt und das Verhalten „maßgeschneidert" ist. Der Mittelweg ist nicht der einzige Weg, aber es ist derjenige, der die besten langfristigen Ergebnisse erzielt. Sozial kompetente Menschen sind in aller Regel zufrieden mit ihrem Verhalten und werden auch von anderen geschätzt.

6.4.5 Schritt 3 – Kompetentes Kommunizieren

Beginnen Sie mit den 4 Grundregeln auf dem Arbeitsblatt „Einige Grundregeln sozial kompetenter Kommunikation" (s. Arbeitsblatt 21 in Anhang A).

Ich-Botschaften

Wenn jemand seine Gefühle oder Meinungen ausdrücken will, sollte er die Aussage besser mit *Ich* als mit *Du* beginnen. Er drückt damit ein persönliches Gefühl oder eine Meinung aus und provoziert beim Zuhörer keine Abwehr.

Es gibt verschiedene Komplexitätsstufen für Ich-Botschaften. Die einfachste ist: *Ich fühle …* Selbst hier verwechseln Menschen oft Gefühle mit Meinungen. Die Aussage *Ich fühle, dass …* ist kein Gefühl, sondern eine Meinung. Wenn „dass" sinnvoll eingesetzt werden kann, handelt es sich nicht um ein Gefühl. „Dass" passt nicht zu einem authentischen Gefühlsausdruck (s.a. Kap. 6.2.5, Selbstbeobachtung).

◢ *Ich fühle, dass diese Unterhaltung sinnlos ist.* (kein Gefühl)
◢ *Ich fühle mich frustriert.* (Gefühl)

Eine klare Ich-Botschaft kann mit einer bestimmten Situation oder Handlung der anderen Person verknüpft werden. *Ich fühle …, wenn du …* ist eine deutlichere Kommunikation, die weniger als eine Anschuldigung wahrgenommen wird, als eine Du-Botschaft:

◢ *Du sprichst nie mit mir!* (Du-Botschaft)
◢ *Ich fühle mich einsam, wenn du nicht mit mir sprichst.* (Ich-Botschaft)

Dieses Konzept ist recht einfach und einleuchtend. Es wird jedoch schnell vergessen, besonders in emotional stark aufgeladenen Situationen. Helfen Sie Ihrem Klienten deshalb bei der Umsetzung, indem Sie das Konzept mit ihm in einem persönlich relevanten Kontext üben.

Bitte um Veränderung

Es ist immer wieder wirksam, seine Gefühle oder Meinungen in einer deutlichen, respektvollen Weise darzulegen und die erwünschte Veränderung direkt anzusprechen. Sozial kompetente Menschen kommunizieren, ohne zu drohen, zu fordern, zu beschuldigen oder zu beleidigen. Das führt viel stärker zur Erfüllung ihrer Wünsche.

Sozial kompetente Botschaften bestehen aus 3 Teilen:

◢ **Beschreiben Sie Ihr Gefühl oder Ihre Reaktion.** Beschreiben Sie, wie Sie sich wegen des Verhaltens Ihres Gesprächspartners fühlen oder wie es Sie berührt. Ihre Aussage soll eine Ich-Botschaft Ihres Gefühls, eine Verhaltensbeschreibung des anderen sowie eine teilweise Verantwortungsübernahme enthalten. Zum Beispiel: *Ich fühle …, wenn du …, weil ich …*

◢ **Beschreiben Sie das Verhalten.** Beschreiben Sie (aber kritisieren Sie nicht), was die andere Person tut. Stellen Sie sicher, dass Sie ein Verhalten beschreiben und die andere Person nicht beschimpfen oder beschuldigen.

◢ **Beschreiben Sie, was Sie erreichen wollen:** Beschreiben Sie, was Sie von der anderen Person erwarten. Verwenden Sie eine spezifische Beschreibung, die sich auf das Verhalten der Person bezieht. Allgemeine Kritik bringt keine Veränderung. Eine konkrete Darstellung ist meist erfolgreicher.

Sozial kompetente Kommunikation bedarf der Übung und braucht Zeit. Es ist extrem wichtig, dass Sie in diesem Modul viel üben. Hausaufgaben sind ebenfalls sehr hilfreich. Verbringen Sie einen wesentlichen Teil der Zeit mit Rollenspielen von Situationen, die für den Klienten persönlich relevant sind. Kommt der Klient nicht weiter oder fällt es ihm schwer, angemessen zu reagieren, tauschen Sie die Rollen. Oft ist es einfacher, die Rolle des Angreifenden zu spielen, als mit einer neuen Verhaltensweise zu reagieren. Nachdem Sie kompetentes Verhalten demonstriert haben, tauschen Sie erneut die Rollen und lassen den Klienten seine eigene Seite der Interaktion durchspielen. Es ist oft hilfreich, die angemessene Kommunikation erst einmal zu demonstrieren, doch sollten Sie den Klienten die neuen Fertigkeiten immer in seiner eigenen Rolle üben lassen.

Erklären – Zeigen – Ausprobieren

Sozial kompetente Kommunikation muss geübt werden. Reden Sie nicht nur über Fertigkeiten. Üben ist die beste Methode zum Erlernen sozial kompetenter Kommunikation.

Fragen Sie nach Situationen, in denen der Klient starke Gefühle empfand und die Dinge sich nicht so entwickelten, wie er es wollte. Wählen Sie zusammen mit ihm eine Situation aus und üben Sie im Rollenspiel Möglichkeiten, sich in der Situation sozial kompetent auszudrücken. Wechseln Sie die Rollen und geben ihm die Möglichkeit, die veränderten Reaktionen des Gesprächspartners selbst zu erfahren. Werten Sie das Rollenspiel gemeinsam aus. Fahren Sie erst fort, wenn Sie den Eindruck haben, dass der Klient die Grundprinzipien einer sozial kompetenten Kommunikation verstanden hat.

Anwendung sozial kompetenter Kommunikation bei Konflikten

Interpersonelle Konflikte und die daraus resultierende Wut und negativen Gefühle sind Situationen mit erhöhtem Rückfallrisiko. Auch Kritik wird oftmals als negatives oder unerfreuliches Ereignis angesehen. Hier bietet sich ein gutes Übungsfeld für kompetente Kommunikation in Konfliktsituationen. Weitere Punkte sind im Arbeitsblatt „Tipps zur sozialen Kompetenz in Konfliktsituationen" (s. Arbeitsblatt 22 in Anhang A) zusammengefasst.

Kritisiert werden. Wir alle geraten in Situationen, in denen Menschen kritische Bemerkungen über uns machen oder Rückmeldungen geben, die wir als Kritik wahrnehmen. Ob berechtigt oder nicht, Kritik ruft bei uns oft Gefühle von Wut, Angst, Traurigkeit oder vermindertem Selbstwertgefühl hervor. Kritik gelassen anzunehmen ist eine der schwierigsten Aufgaben in unseren Interaktionen mit anderen Menschen. Sie kann jedoch eine wertvolle Gelegenheit darstellen, etwas Wichtiges über uns selbst zu erfahren und zu lernen, wie wir andere beeinflussen. Sie bietet oft die Möglichkeit, positive Veränderungen bei uns selbst vorzunehmen.

Fragen Sie den Klienten nach seinen Kritikerfahrungen. Erläutern Sie die folgenden **4 Strategien** und bitten den Klienten um seine Meinung. Wenn angebracht, versuchen Sie sie mit den konkreten Erfahrungen des Klienten zu verknüpfen. Erproben Sie die Strategien im Rollenspiel.

1. Bleiben Sie gelassen, vermeiden Sie Eskalationen. Es ist viel einfacher zu sagen: *Bleib cool*, als wirklich cool zu sein. Bei Kritikäußerungen ist das Gelassenbleiben jedoch wichtig für alle Beteiligten. Wenn Sie kritisiert werden, versuchen Sie, sich Ihrer Gefühle und der Gefühle der anderen Person bewusst zu werden. Bemühen Sie sich, Ruhe zu bewahren. Oft hilft die Technik, „bis 10 zu zählen". Vielleicht können Sie das

Gespräch beenden und zu einem günstigeren Zeitpunkt oder an einem anderen Ort fortsetzen. Klären Sie mit sich, ob eine Periode des Abkühlens helfen würde. Achten Sie darauf, dass es nicht so erscheint, als ob Sie über den anderen oder sein Anliegen hinweggehen. Sagen Sie, dass Sie das Anliegen ernst nehmen und ihm besser gerecht werden möchten, dafür aber einen ruhigeren Ort bzw. mehr Zeit benötigen, damit sie der Angelegenheit Ihre volle Aufmerksamkeit schenken können. Sprechen Sie Ort und Zeitpunkt mit Ihrem Gegenüber genau ab.

2. Hören Sie zu – zeigen Sie, dass Sie den anderen verstehen. Lassen Sie ihn ohne Unterbrechung ausreden. Um ihm zu vermitteln, dass Sie den Gegenstand der Kritik verstehen, ist es hilfreich zurückzuspiegeln, was der andere Ihnen mitgeteilt hat. Dadurch können Sie überprüfen, ob Sie verstanden haben, was er wirklich meint. Falls Sie es missverstanden haben, wird es höchstwahrscheinlich richtig gestellt. Sie zeigen Ihrem Gesprächspartner damit, dass Sie zuhören und um Verständnis bemüht sind.

3. Korrigieren Sie Missverständnisse. Eruieren Sie, ob ein Missverständnis besteht, und versuchen Sie es zu klären.

4. Falls angebracht, entschuldigen Sie sich. Wir alle machen Fehler, es ist ein Teil des täglichen Lebens. Möglicherweise haben Sie etwas missverstanden oder vergessen. Vielleicht haben Sie nicht bemerkt, wie Ihr Verhalten bei anderen ankommt. Unter Umständen ist der beste Weg nach vorn, einfach zu sagen, dass es Ihnen Leid tut, und zu erklären, was Sie unternehmen werden, um den Vorfall in Ordnung zu bringen.

Konstruktive Kritik. Viele Klienten berichten, dass sie trinken, wenn sie frustriert oder wütend sind. Oft fällt es ihnen leichter, Kritik unter Einfluss von Alkohol anzusprechen. Leider laufen solche Situationen dann oft aus dem Ruder und erzeugen noch mehr Ärger. Wenn der Klient lernt, mit Kritik um-

zugehen und konstruktive Kritik auszusprechen, wird er weniger das Bedürfnis verspüren, nur unter Alkoholkonsum kritisieren zu können.

Diskutieren Sie mit dem Klienten Situationen, in denen es notwendig ist, einem anderen direkt zu sagen, was ihn stört, um das Problem zu lösen. Helfen Sie dem Klienten zu erkennen, dass es effektive Wege der konstruktiven Kritik gibt, ohne die gute Beziehung zum Gesprächspartner zu verletzen. Die konstruktive Kritik eines anderen kann sogar dazu beitragen, die Beziehung zu stärken.

◢ *Können Sie sich an eine Situation erinnern, in der Sie einen anderen Menschen wegen seines Verhaltens kritisieren mussten? Wie ist diese Interaktion ausgegangen?*

◢ *Können Sie sich an irgendeine Situation erinnern, die sich verschlimmert hat, weil Sie es aufgeschoben haben, den anderen wegen seines Verhaltens zu kritisieren?*

◢ *Haben Sie selbst die Erfahrung gemacht, die andere Person besser nicht wegen ihres Verhaltens, das Ihnen Probleme macht, zu kritisieren?*

Im Folgenden einige Ratschläge für konstruktive Kritik:

Bleiben Sie ruhig. Versuchen Sie nicht, jemanden zu kritisieren, während Sie wütend sind. Sind Sie derjenige, der kritisiert wird, müssen Sie besonders ruhig und kontrolliert bleiben, um konstruktiv zu sein und die richtigen Worte zu wählen. Sind Sie zu aufgebracht, werden Sie wahrscheinlich Dinge sagen, die Sie später bereuen. Denken Sie daran, dass ein Ausdruck von Wut oder Ärger Gefühle im anderen auslösen können, die das Verstehen Ihrer eigentlichen Botschaft verhindern.

Wählen Sie die richtige Zeit und den richtigen Ort. Entscheiden Sie, wann der richtige Zeitpunkt und wo der Ort ist, mit jemandem über sein Verhalten zu sprechen. Wenn beide von Ihnen z.B. wütend und verletzt über etwas sind, ist es wahrscheinlich unmöglich, das Problem so zu lösen, dass es zu einem guten Ergebnis führt.

Klären Sie Missverständnisse. Wenn Sie sich entschlossen haben, jemanden zu kritisieren, ist der 1. Schritt, höflich und ernsthaft zu klären, ob auf Ihrer oder der anderen Seite kein Missverständnis vorliegt. Es gibt Ihnen die Möglichkeit, sich würdevoll zurückzuziehen, falls Sie etwas missverstanden haben. Es gibt auch dem anderen die Chance, sich zu entschuldigen, falls der Fehler auf seiner Seite liegt.

Machen Sie keine Vorwürfe. Falls es zwischen Ihnen keine Missverständnisse gibt, aber der andere Ihr Problem nicht versteht, helfen Sie ihm dabei, die Dinge aus Ihrer Sicht zu sehen. Es wird jedoch schwierig werden, eine Zusammenarbeit zu erwirken, wenn Sie den anderen gegen sich aufbringen. Beschuldigen Sie nicht, moralisieren Sie nicht und kommentieren Sie nicht den Charakter ihres Gegenübers. Wenn Sie über das Problem sprechen, beschreiben Sie nur das Verhalten. Beachten Sie den Hinweis nicht, gewinnt der andere den Eindruck, Sie seien respektlos ihm gegenüber. Das erschwert die Problemlösung. Folglich hört er Ihnen nicht mehr zu und bemüht sich kaum noch, Ihre Sichtweise zu verstehen.

Verwenden Sie Ich-Botschaften. Wenn Sie eine andere Person kritisieren müssen, erklären Sie ihr, warum das Verhalten Sie stört. Die Betonung liegt dabei auf *mir, meiner* Verantwortlichkeit und Bedürfnisse und der Probleme, die für *mich* als Ergebnis des Verhaltens der anderen Person auftreten.

Bieten Sie Hilfe an. Oder danken Sie den anderen für das Ausführen der von Ihnen erbetenen Veränderung. Fragen Sie, ob Sie bei der Umsetzung helfen können.

Zum Üben konstruktiver Kritik mit dem Klienten ist es sinnvoll, eine realistische Situation aus seinem Leben zu finden (es kann auch eine gute Gelegenheit sein darzustellen, wie jemand richtig reagiert, wenn er kritisiert wird).

Ermutigung und positive Aussagen

Kompetente Kommunikation beinhaltet auch das Aussprechen positiver Gefühle und Kommentare. Positive Verstärkung ist etwas, was die Kommunikation optimiert und die Beziehungen stärkt. Diese Art der Kommunikation verkümmert oftmals in den Beziehungen von Alkoholkranken. Deshalb liegt der abschließende Schwerpunkt des Moduls auf positiven Aussagen.

Der Klient und die WP können z.B. für eine Woche eine Liste führen über die positiven Aussagen, die sie getroffen haben, und über die Menschen, an die ihre Aussagen gerichtet waren. Es ist wie eine kleine Einzahlung in das „Sparschwein" der Beziehung. Selbst wenn das Sparschwein am Anfang etwas leer klingt, wird es sich doch Stück für Stück füllen.

Die andere Seite ist natürlich die Verringerung der „Auszahlungen", d.h., nicht mehr jede Gelegenheit zu nutzen, um andere zu verletzen, zu kritisieren, zu beschuldigen und zu verurteilen. Überprüfen Sie mit dem Klienten seine Kommunikationsmuster, um solche ablehnenden Verhaltensweisen aufzuspüren und zu ändern.

Sorgen Sie auch für die positive Färbung des Gesprächs in den Sitzungen – besonders wenn der Klient und die WP in ihrer Vergangenheit negative Kommunikationsmuster aufgebaut haben. Erlauben Sie nicht, dass alte Muster von Streitigkeiten, Beschuldigungen oder Kritik etc. verstärkt werden. Schreiten Sie ein, falls sie auftreten, und erklären Sie, dass das Wiederholen von negativen Mustern vielmehr schadet als hilft. Legen Sie den Schwerpunkt auf positive Kommunikationsmuster.

Sitzungsabschluss

Versuchen Sie nicht, alles in einer Sitzung umzusetzen! Überfordern Sie den Klienten nicht mit zu viel Neuem. Nehmen Sie sich genügend Zeit, in den Therapiesitzungen zu üben. Bevor Sie eine Sitzung abschließen, überprüfen Sie nochmals, ob alles richtig verstanden wurde. Geben Sie dem Klienten Hand-outs mit. Verteilen Sie Hausaufgaben und überprüfen Sie diese als Erstes in der nächsten Sitzung.

6.5 Kommunikationsfertigkeiten

Das Modul KO befasst sich speziell mit der **rezeptiven** Kommunikation – mit besserem Zuhören – und ist komplementär zu dem Modul SK (s. Kap. 6.4), das sich mit expressiver Kommunikation befasst. Es ist auch geeignet, die Kommunikation innerhalb einer Partnerschaft zu verbessern. Besonders gut passt das Modul für diejenigen, deren Partner als WP an den Sitzungen teilnehmen.

Bei Patienten mit Alkoholproblemen kann das Fehlen guter Kommunikationsfertigkeiten zu einem Hindernis auf dem Weg zur Besserung werden. Einige haben vielleicht niemals gute Kommunikationsfertigkeiten entwickelt, während die Fähigkeiten anderer im Verlauf ihrer Erkrankung verkümmert sind, besonders bei sozialem Rückzug. Möglicherweise haben sich ihre Kommunikationsfertigkeiten auch dadurch verändert, dass ihre sozialen Interaktionen wegen ihres Trinkens zunehmend defensiv und strittig geworden sind. Wichtige Beziehungen werden oftmals infolge des Problemtrinkens geschädigt oder zerstört.

Das Erlernen guter Kommunikationsfertigkeiten kann Klienten häufig dabei unterstützen, wichtige Beziehungen wieder aufzubauen oder neue zu knüpfen. Befriedigende interpersonelle Beziehungen sind ein wichtiger Aspekt stabiler Abstinenz. Eine klare Kommunikation kann bei der Änderung des Trinkverhaltens hilfreich sein. Effektive Kommunikationsfertigkeiten können die Fähigkeit des Klienten, sich mit riskanten Situationen auseinander zu setzen, steigern. Sie können auch das soziale Netzwerk festigen, das für die Beibehaltung der Abstinenz wichtig ist.

Im Zentrum des KO-Moduls steht, dem Klienten dabei zu helfen,
◢ sich den Prozess der interpersonellen Kommunikation bewusster zu verdeutlichen,
◢ zu verstehen, dass effektive interpersonelle Kommunikation auf Fertigkeiten basiert, die erlernbar sind,
◢ besser zu verstehen, was andere meinen, wenn sie sprechen,
◢ Missverständnisse zu vermeiden und
◢ stärkere Beziehungen aufzubauen.

Auch hier sollten Sie die motivierende Gesprächsführung anwenden. Dadurch demonstrieren Sie bereits ein Modell für eine gute nonverbale Kommunikation und reflektierendes Zuhören sowie eine Reihe anderer wichtiger Kommunikationsstrategien. Effektive Kommunikation wird sehr gut über Modellernen vermittelt.

6.5.1 Prozess interpersoneller Kommunikation

Machen Sie zunächst darauf aufmerksam, dass interpersonelle Kommunikation jedesmal stattfindet, wenn Menschen zusammenkommen (z.B. in der ASP-Sitzung). Wir sprechen, hören zu, beobachten und reagieren aufeinander, während wir alle möglichen Informationen auf verschiedene Art und Weise austauschen. Obwohl eine effektive Kommunikation eine der zufriedenstellendsten und interessantesten menschlichen Aktivitäten darstellen kann, kann es auch schwierig sein, es richtig zu machen. Die meisten Menschen sind nicht automatisch mit guter Kommunikation vertraut, aber die gute Nachricht ist: Man kann die Fähigkeit **erlernen** und verbessern.

Fragen Sie den Klienten, ob er folgende Situationen schon einmal erlebt hat:
◢ *Denken Sie an jemanden, den Sie kennen und von dem Sie glauben, ein guter Zuhörer*

zu sein. Jemand, bei dem Sie sich wohl und verstanden fühlen, wenn Sie mit ihm reden. Was tut derjenige, um ein guter Zuhörer zu sein?

◢ *Denken Sie an Situationen, in denen Sie jemandem etwas Wichtiges zu sagen hatten und die Person sich wirklich bemühte, Ihre Sicht der Dinge zu verstehen. Wie haben Sie sich danach gefühlt? (Höchstwahrscheinlich hat er sich in dieser Situation gut gefühlt.)*

◢ *Erinnern Sie sich an andere Situationen, in denen Sie versucht haben, jemandem etwas Wichtiges mitzuteilen, aber es nicht gut gelaufen ist und Sie die Situation frustriert und entmutigt verlassen haben. Warum lief die Kommunikation nicht so gut? (Wahrscheinlich hatte der Klient das Gefühl, sein Gegenüber hat nicht gut zugehört und sein Anliegen nicht verstanden.)*

Jeder möchte verstanden werden. Meistens ist unsere Kommunikation darauf ausgerichtet, den anderen dazu zu bringen, die Welt so zu sehen, wie wir sie sehen. Aber für jede Person, die verstanden wird, muss eine Person da sein, die versteht. Dies ist ein Geschenk, das wir einander geben sollten. Es ist eine Kunst.

Geben Sie dem Klienten das Arbeitsblatt „Wie Kommunikation verläuft" (s. Arbeitsblatt 23 in Anhang A) und besprechen Sie ausführlich, was tatsächlich geschieht, wenn 2 Menschen versuchen zu kommunizieren. Gewöhnlich finden Klienten das Diagramm interessant und hilfreich, um zu verstehen, wie Kommunikationsprobleme entstehen. Fragen Sie den Klienten, ob das Diagramm für ihn einen Sinn ergibt und ob es ihn an eigene Erfahrungen erinnert. Besprechen Sie die Schritte an einem Beispiel: Die beabsichtigte Botschaft, die ausgesprochenen Worte, die erhaltenen Worte und die gehörte Botschaft. Falls der Klient keine eigenen Beispiele vorbringt, bringen Sie ein Beispiel, dass der Situation des Klienten angepasst ist.

Die Botschaft, die Sie vermitteln wollen, ist folgende: Da Kommunikation auf vielfache Weise stattfinden und interpretiert werden kann, ist es wirklich wichtig zu lernen, wie Botschaften fehlerfrei gesendet und empfangen werden. Kommunikation kann schon zu Beginn vollkommen missglücken, deshalb muss darauf geachtet werden, den Kommunikationsprozess sensibel wahrzunehmen und zu gestalten.

6.5.2 Effektiv kommunizieren

Das Gespräch über den Prozess der Kommunikation führt zu den Fertigkeiten, die für eine klare Kommunikation notwendig sind. Die nachfolgenden Übungen sollen zuerst in den Therapiesitzungen und danach als Hausaufgaben durchgeführt werden.

Aufmerksamkeit

Um die nonverbalen Aspekte des Zuhörens zu besprechen, beziehen Sie sich auf die Beispiele, die der Klient schon genannt hat, und wiederholen Sie, was ein guter Zuhörer tut. Als Erstes bedarf es der Fähigkeit des Schweigens. Der Zuhörer muss dem Gesprächspartner Zeit zum Reden geben und darf ihn nicht unterbrechen. Es gibt viele Möglichkeiten, ein guter Zuhörer zu sein, ohne ein Wort zu sagen.

Demonstrieren Sie das Zuhören, indem Sie den Klienten eine Weile reden lassen, während Sie die nachfolgend beschriebenen nonverbalen Aspekte des Zuhörens anwenden, bis das Gespräch zu einem natürlichen Haltepunkt kommt. Fragen Sie dann den Klienten, wie er Sie als Zuhörer wahrgenommen hat und woran er gemerkt hat, dass Sie ihm zuhören. Erläutern Sie nun die nonverbalen Aspekte des Zuhörens:

◢ *Konzentrieren Sie Ihre volle Aufmerksamkeit auf das, was der Gesprächspartner sagt. Tun Sie nichts anderes (auf die Uhr schauen, herumschauen, lesen etc.). Selbst wenn Sie*

2 Dinge auf einmal tun können, tun Sie es nicht!

◢ *Richten Sie Ihren Körper und Kopf zum Gesprächspartner.*

◢ *Behalten Sie Augenkontakt bei. Ein Sprecher schaut Sie normalerweise an und schaut dann weg. Ein guter Zuhörer behält konstanten Augenkontakt, ohne zu starren. Lassen Sie Ihren Blick nicht umherschweifen, als ob Sie an andere Dinge denken oder sich nach Interessanterem umschauen würden.*

◢ *Benutzen Sie Kopfnicken und einen entsprechenden Gesichtsausdruck, um Anteilnahme und Verständnis zu zeigen.*

◢ *Machen Sie einige wortlose Geräusche, die den Gesprächspartner ermutigen weiterzusprechen (hmm, ah, mmhmm).*

Erklären Sie dem Klienten, dass diese Art des Zuhörens oft wertvoller ist als das Reden über ein Problem. Die meisten Menschen wollen keine Problemlösung, sondern wünschen sich vielmehr, dass wir zuhören und verstehen. Durch unsere Ermutigungen zeigen wir, dass wir interessiert sind, der Sprecher uns nicht langweilt und wir seine Probleme in den Vordergrund stellen. Schon Zuhören allein kann Menschen ermutigen, uns mitzuteilen, was sie beschäftigt. Es kann ihnen oftmals dabei helfen, ihre eigenen Probleme besser zu verstehen. Klienten, die neue Beziehungen knüpfen, sollten verstehen, dass gutes Zuhören eine der effektivsten Konversationsfertigkeiten ist und dabei hilft, schnell gute Beziehungen aufzubauen.

Als Nächstes sollte der Klient die Rolle des Zuhörers übernehmen. Wählen Sie ein passendes Thema, über das Sie einige Minuten sprechen können, während der Klient zuhört. Falls eine WP anwesend ist, lassen Sie die WP Sprecher und den Klient Zuhörer sein. Fragen Sie, wie es als Zuhörer war und was Ihr Klient empfunden hat (z.B. sagen viele, dass sie an all die Dinge dachten, die sie gewöhnlich gesagt **hätten**). Nun sollten Sie positiv kommentieren, was der Klient gut

gemacht hat, um Zuhören und Verstehen zu kommunizieren. Falls es etwas Spezielles gibt, was er tun könnte, um ein noch besserer Zuhörer zu sein, geben Sie hierzu Ihre Anregung. Stellen Sie jedoch sicher, dass Sie mit einer positiven Bestätigung beginnen und enden. Anschließend können Sie die Übung mit der gleichen Rollenverteilung wiederholen oder die Rollen erneut tauschen.

Kommunikationshindernisse

Als nächsten Schritt sollten Sie Kommunikationshindernisse erklären. Die meisten davon beziehen sich auf das „Einbauen" der eigenen Ratschläge, Meinungen und Vorschläge des Zuhörers. Manchmal ist das ganz in Ordnung, aber es bedeutet nicht wirklich gutes Zuhören. Es führt sogar oft zu neuen Hindernissen. Anstatt weiterzureden, muss der Sprecher sich nun mit diesen Inhalten befassen und sie umgehen, um wieder auf sein Thema zu kommen. Meistens läuft das Gespräch dann in eine ganz andere Richtung, und der Sprecher kehrt nicht mehr zum ursprünglichen Thema zurück.

Ein gutes Gespräch ist natürlich ein Geben und Nehmen. Hier konzentrieren wir uns jedoch auf gutes Zuhören, was für die meisten Menschen schwieriger ist als zu reden.

Im Folgenden sind einige Verhaltensweisen aufgeführt, die **nicht** zu gutem Zuhören passen:

◢ Ratschläge geben, Vorschläge machen oder dem Sprecher vorschreiben, was zu tun ist

◢ Gesagtem zustimmen oder es ablehnen

◢ Kritisieren, Beschuldigen oder Beschämen

◢ Interpretieren, Analysieren oder logisch sein

◢ Rückversichern oder Mitleid bezeugen

◢ Fragen stellen

◢ Ignorieren, Zurückziehen oder Witze machen

Natürlich gehören diese Verhaltensweisen auch zur Kommunikation und haben ihren angemessenen Platz. So bekommen Sie durch Nachfragen z.B. für Sie interessante bzw. wichtige Informationen. Aber bei gutem Zuhören steht die andere Person im Mittelpunkt. Sie lassen sie sprechen und hören zu. Sie geben Ihre eigenen Belange für eine Weile auf und richten Ihre volle Aufmerksamkeit auf das Zuhören.

Bedeutungen erahnen

Schweigen allein reicht nicht aus. Vieles von dem, wie Personen handeln, ist nicht wirklich gutes Zuhören. Was können Sie dann tun, um ein guter Zuhörer zu sein? Das ist der 3. Teil des Moduls.

Nehmen Sie das Diagramm „Wie Kommunikation verläuft" (s. Arbeitsblatt 23 in Anhang A) wieder zur Hand und betonen Sie, dass Kommunikation dann gut läuft, wenn Zuhörer und Sprecher dasselbe verstehen.

Gutes Zuhören bedeutet herauszubekommen, ob das Gehörte das ist, was der Sprecher wirklich meint.

Eine Möglichkeit dazu ist das Fragen. Fragen funktioniert zwar, kann jedoch auch eine fließende Konversation stören. Das lässt sich gut in einem strukturierten Rollenspiel demonstrieren. Spielen Sie zunächst den Zuhörer, der Klient soll der Sprecher sein – und dann umgekehrt. Folgende Anweisung für das Rollenspiel gilt:

◢ Der Sprecher soll folgenden Satz beenden: *Etwas, was ich an mir mag, ist, dass ich …*
◢ Der Zuhörer stellt nun einige Fragen darüber, was der Sprecher meinen könnte. Dabei verwendet er immer die Form: *Meinen Sie, dass Sie …?*
◢ Regel: Der Sprecher antwortet nur mit Ja oder Nein und sagt sonst nichts.

Die Übung macht offenkundig, dass ein Zuhörer „ahnt", was ein Sprecher meint, und oftmals damit falsch liegt. Dabei wird auch deutlich, dass der Sprecher häufig mehr als

nur eine Sache meint – d.h., es gibt verschiedene Bedeutungsebenen.

Finden Sie heraus, was der Klient als Zuhörer (Fragensteller) empfunden und erfahren hat. Neben den vorgenannten Erkenntnissen entsteht oftmals ein Gefühl von Frustration, weil *ich mehr hören wollte als nur ein Ja oder Nein*. Meistens ist auch der Sprecher frustriert, weil er *mehr als nur Ja oder Nein sagen wollte*. Das zeigt, dass gutes Zuhören ein Gespräch auf natürlichem Wege aufrechterhält, wobei der Sprecher sich wünscht, mehr zu sagen, und der Zuhörer, mehr zu hören.

Falls der Klient von einer WP begleitet wird, lassen Sie den Klienten (Sprecher) mit der WP (Zuhörer) üben. Ihre Rollen können für eine 3. Runde getauscht werden. Es kann für beide Personen in der Zuhörerrolle eine gute Übung sein, Fragen wie *Meinen Sie, dass Sie …?* zu stellen.

Reflexionen

Im nächsten Schritt bringen Sie Ihrem Klienten bei, Reflexionen zu formulieren, d.h. das eben Gehörte mit eigenen Worten auszudrücken. Es ist nur ein kleiner Schritt nach der Übung mit *Meinen Sie, dass …* Die Einleitung *Meinen Sie, dass …* wird weggelassen und die Stimme (für eine Aussage) gesenkt, anstatt sie zu heben (für eine Frage):

Sprecher: *Ich habe diese Woche wirklich keine Energie.*

Frage: *Meinst du, dass du ziemlich müde bist?*

Reflexion: *Du fühlst dich ziemlich müde.*

Sprecher: *Es hat mir nicht gefallen, wie du damit umgegangen bist.*

Frage: *Willst du mir sagen, dass es dir nicht fair erscheint, wie ich damit umgegangen bin?*

Reflexion: *Wie ich damit umgegangen bin, erschien dir nicht fair.*

Es lohnt sich zu erörtern, wie sich der Sprecher von den unterschiedlichen Äußerungen angesprochen fühlt. Meist wird der Unterschied auf subtile Weise wahrgenommen.

Bei einer Frage steht der Fragende im Mittelpunkt, und der Befragte sieht sich veranlasst, auf die Frage zu antworten. Bei einer Reflexion steht der Sprecher und seine Äußerung im Mittelpunkt; dabei wird ihm die Wichtigkeit, Bedeutung und Wertschätzung seiner Person und seiner Äußerung vermittelt. Es steht ihm frei, das Gesagte zu vertiefen oder das Thema zu wechseln.

Reflexionen können eine Konversation aufrechterhalten. Es ist nicht unbedingt von Bedeutung, ob Ihre Annahme richtig oder falsch war. In beiden Fällen wird sich der Sprecher erneut dazu äußern (bestätigen oder präzisieren, was er meint). Sie sollten die Fertigkeit (Reflexionen formulieren) ausgiebig mit dem Klienten üben. Zeigen Sie ihm zunächst, wie es gemacht wird, und tauschen Sie dann die Rollen. Im Folgenden ein Anleitungsbeispiel:

◢ Der Sprecher soll folgenden Satz beenden: *Etwas, was ich an mir ändern möchte, ist, dass ich …*
◢ Der Zuhörer macht daraufhin eine verstehende Aussage (keine Frage).
◢ Regel: Der Sprecher sollte dann mit Ja oder Nein antworten und mehr dazu sagen, was er meint. Als Antwort darauf sollte der Zuhörer eine weitere Reflexion formulieren und die Information mit einbeziehen.

Auch wenn eine WP anwesend ist, sollten Sie als Therapeut zunächst Sprecher sein und die WP und der Klient gemeinsam die Rolle des Zuhörers einnehmen. Ermutigen Sie die beiden, Reflexionen zu formulieren. Nicht alle Reflexionen bringen ein Gespräch voran, allerdings führen sie manchmal in erstaunliche Richtungen, die am Ende doch hilfreich sein können. Helfen Sie den Zuhörern, sich nicht entmutigen zu lassen, wenn das Gespräch in der Übungsphase ab und zu ins Stocken gerät. Als Nächstes sollte einer von den beiden (Klient oder WP) der Sprecher sein und der andere reflektieren. Dabei dür-

fen Sie gerne unterstützen, beachten Sie jedoch, nicht die Rolle des Zuhörers einzunehmen.

Die Checkliste 14 „Kommunikationsfertigkeiten" kann nicht in einer Sitzung durchgearbeitet werden. Teilen Sie das Material so auf, dass Sie eine Hausaufgabe geben können und der Klient dann in seinem eigenen sozialen Umfeld üben kann. Das vom Klienten auszufüllende Arbeitsblatt „Aktives Zuhören = Reflektieren" (s. Arbeitsblatt 24 in Anhang A) kann eine hilfreiche Grundlage für eine Diskussion in der nächsten Sitzung sein.

6.5.3 Steigerung positiver Interaktionen

Die Checkliste 14 hat eine weitere wichtige Komponente. Sie ist speziell für Klienten gedacht, die in einer festen Beziehung leben, gleichgültig, ob der Partner als WP teilnimmt oder nicht. Durch mehr gemeinsam unternommene angenehme Aktivitäten soll das „Beziehungs-Sparschwein" aufgefüllt werden.

Beginnen Sie mit der Erklärung, dass gute Beziehungen gefördert werden, wenn man angenehme Dinge zusammen unternimmt. Während des Kennenlernens konzentrieren sich die Partner die meiste Zeit darauf, Spaß zu haben und schöne Dinge zu genießen: Essen zu gehen, zu tanzen, körperliche Intimität zu erfahren etc. Diese Aktivitäten können im Laufe einer Beziehung abnehmen. Man verbringt dann weniger Zeit mit angenehmen Dingen und verfällt immer mehr in Routine oder alltägliche Gewohnheiten mit sogar unangenehmen Interaktionen. Positive Erfahrungen stärken eine Beziehung (einschließlich Freundschaften) und vertiefen positive Gefühle füreinander. Stellen Sie sicher, dass der Klient (und die WP) Ihre Erklärung verstanden hat, bevor Sie fortfahren.

Das Wesentliche ist, angenehme und positive Aktivitäten zu finden, die gemeinsam unternommen werden können und gleichzeitig Alkoholkonsum ausschließen. Eine Möglichkeit ist, die Partner in einer langjährigen Beziehung (oder Freunde) zu fragen, was sie anfangs am meisten aneinander mochten (welche lustigen Sachen sie zusammen unternommen haben usw.). Falls beide Partner anwesend sind, lassen Sie in der Diskussion keine implizierte Kritik aufkommen *(damals hat es noch Spaß gemacht, mit ihm zusammen zu sein)*. Verwenden Sie reflektierendes Zuhören zur Bestärkung der geäußerten positiven Aspekte (selbstmotivierende Aussagen zur Verbesserung der Beziehung). Suchen Sie gemeinsam nach Ideen (z.B. via Brainstorming): Was könnten beide zusammen tun? Was ist für beide angenehm?

Der Klient sollte sich verpflichten, als Hausaufgabe bis zur nächsten Sitzung mindestens eine spezifische angenehme Aktivität mit jemand anderem zu unternehmen. Zunächst sollten es keine zu großen Sprünge sein. Falls die Zeit der gemeinsamen Unternehmungen und Erlebnisse schon lange her ist, sollten sie bescheiden beginnen. Das Ziel ist hier nur, eine wohltuende Zeit (ohne Trinken) zusammen zu verbringen. Ein positives Gespräch kann dabei integriert werden. Beispielsweise könnte eine „Sofasitzung" eingebaut werden, in der jeder Partner abwechselnd über den Tag, seine Gefühle, Hoffnungen usw. spricht. Anfangs jeder etwa 5 Minuten, während der andere genau und ohne Unterbrechung zuhört. Falls beide Partner an der Behandlung teilnehmen, probieren Sie die Übung in Ihrem Büro aus, um sich davon zu überzeugen, dass die notwendigen Fertigkeiten vorhanden sind oder geübt werden können.

Wie bei allen Hausaufgaben sollten Sie diese zu Beginn der nächsten Sitzung besprechen. Die Spaß-Hausaufgaben können fortgeführt werden, selbst wenn Sie an anderen Modulen arbeiten.

6.6 Soziale und Freizeitberatung

Im Verlauf einer Alkoholabhängigkeit kommt es oft zur Einengung des Sozial- und Freizeitverhaltens der betroffenen Person. Immer mehr Zeit wird mit der Beschaffung, dem Konsum und der Erholung von den Auswirkungen des Alkohols zugebracht. Trinkkumpane verdrängen frühere Freunde und Bekannte.

Der Neuaufbau eines abstinenten Lebens mit positiven sozialen Kontakten und angenehmen Freizeitaktivitäten ist ein wichtiger Teil des Genesungsprozesses. Das bedeutet oft, neue Freunde zu finden sowie Aktivitäten zu suchen, die Trinken ausschließen und stattdessen Abstinenz unterstützen. Ihrem Klienten bei der Suche nach verlässlichen Quellen positiver Verstärkung zu helfen, ist Ziel dieses Moduls. Es kann leicht mit anderen Modulen kombiniert werden.

6.6.1 Begründung

Reden Sie mit dem Klienten über sein soziales Umfeld und seine Freizeitgestaltung. Geben Sie ihm Raum, über die Vergangenheit zu erzählen. Ihre Gesprächsführung soll dem Klienten helfen, Beispiele von Aktivitäten und Beziehungen zu berichten, die sowohl mit als auch ohne Alkoholkonsum verbunden waren. Lassen Sie ihn die Beispiele vergleichen, um Muster zu erkennen, die Trinken anstatt Abstinenz fördern. Explorieren Sie, wie wichtig ihm gesunde, unterstützende Beziehungen und belohnende Aktivitäten sind. Erarbeiten Sie mit ihm, warum angenehme Aktivitäten und Freunde, die nicht mit Alkoholkonsum assoziiert sind, so wichtig für einen Erfolg sind. Vermeiden Sie dabei, den Klienten über Dinge zu belehren, die ihm bereits bewusst sind. Verstärken Sie die SMS mit Reflexionen.

Im Folgenden einige Punkte, die oft im Gespräch auftauchen:

◢ *Trinkende Freunde, selbst wenn sie Sie nicht drängen, können starke Auslösereize für Trinkdruck darstellen, besonders in der Anfangsphase der Abstinenz.*

◢ *Unausgefüllte Zeit (einschließlich der Zeit, die mit belanglosen Aktivitäten totgeschlagen wird) ist nicht belohnend, sondern fördert gedrückte Stimmungen und hemmt die Selbstachtung.*

◢ *Falls Sie abstinent sind, den Zustand aber nicht genießen, ist die Wahrscheinlichkeit, abstinent zu bleiben, sehr gering.*

◢ *Positive Verstärkung wirkt wie Vitamine. Es genügt sicherzustellen, dass Sie täglich einige einnehmen.*

Kann der Klient keine Vorteile nennen, sprechen Sie einige davon an und fragen ihn, welche ihm davon wichtig erscheinen. Schließen Sie mit einer zusammenfassenden Reflexion, die seine wichtigen Begründungen zur Entwicklung eines alkoholfreien Umfelds mit positiver Verstärkung wiederholt.

6.6.2 Angenehme (alkoholfreie) Aktivitäten

Manchmal ist das Leben des Klienten ohne Alkohol schon so lange her, dass er nicht in der Lage ist, von alkoholfreien Aktivitäten, Menschen oder Orten zu erzählen, die ihm Spaß gemacht haben. Hier kann das Arbeitsblatt „Angenehme Aktivitäten" (s. Arbeitsblatt 25 in Anhang A) hilfreich sein.

Es lohnt sich auch, nach Aktivitäten, Hobbys und Interessen von Freunden oder Bekannten, die nicht trinken, zu fragen. Lokale Zeitungen sind eine weitere Quelle, um Vereine, Aktivitäten, Selbsthilfegruppen, ehrenamtliche Tätigkeiten und Unterhaltungsangebote zu finden. Der Klient soll Zeitungen durchblättern und aussuchen, was ihm Spaß machen könnte, auch wenn er sich dessen noch nicht sicher ist. Reden Sie

über lokale Veranstaltungen wie Konzerte, Kino, sonstige Ereignisse, Angebote von Sport- und sozialen Vereinen etc. Das setzt voraus, dass Sie selbst mit den Kulturangeboten, Gruppen und Ereignissen vor Ort vertraut sein sollten, die für den Klienten zugänglich sind. Sie sollten alkoholfrei sein oder nur wenig mit Alkohol zu tun haben, damit der Klient Gelegenheit hat, neue Beziehungen mit Nichttrinkern aufzubauen. Informieren Sie sich gewissenhaft und geben Sie gezielte Empfehlungen, damit es nicht mit einer schlechten Erfahrung für den Klienten endet.

Bei den Aktivitäten geht es nicht zuletzt darum, den Klienten mit Menschen in Kontakt zu bringen, um Freundschaften zu gründen und zu pflegen, die ihn in seiner Abstinenz unterstützen. Er sollte deshalb auch motiviert werden, mit Freunden und seiner Familie darüber zu reden, wie sie ihn in seiner Abstinenz unterstützen können.

Als Nächstes folgt die Erstellung und Umsetzung eines spezifischen Plans, mehr angenehme Aktivitäten in den Alltag einzubeziehen. Das ist natürlich einfacher, wenn Ihr Klient bereits solche Aktivitäten kennt. Es ist auch von Vorteil, Aktivitäten zu finden, die zu Zeiten stattfinden, zu denen der Klient vorher am häufigsten getrunken hatte. Lassen Sie ihn 5–10 Aktivitäten aufzählen, die ihm am meisten Spaß versprechen.

6.6.3 Ausprobieren verstärkender Aktivitäten

In diesem Teil des Moduls soll der Klient neue soziale Aktivitäten „antesten". Lassen Sie ihn eine Aktivität aus der Liste (s. Arbeitsblatt 25 in Anhang A) auswählen, die er bis zur nächsten Sitzung ausprobieren will. Manchmal zögern Klienten, neue Aktivitäten auszuprobieren. Erklären Sie, dass das Ausprobieren keine Verpflichtung bedeutet, das ganze Leben dabeibleiben zu müssen. Es soll nur ums Ausprobieren gehn. Folgende Idee steckt dahinter: Beim Ausprobieren mehrerer neuer Aktivitäten wird zumindest eine darunter sein, die Spaß macht.

Nehmen Sie sich ausreichend Zeit, um diesbezügliche Sorgen oder Ängste des Klienten zu erörtern. Stellen Sie Vergleiche an wie das Ausprobieren verschiedener Eiscremesorten. Klären Sie die Faktoren, die den Klienten davon abhalten könnten, die ausgesuchten Aktivitäten auszuprobieren und zu genießen. Ermutigen Sie ihn, sich selbst die Aufgabe zu stellen, mindestens eine Aktivität zwischen den Sitzungen auszuprobieren. Das kann auch das Üben von Kommunikationsfertigkeiten zur Kontaktaufnahme mit Fremden einschließen, oder einen abstinenten Freund zu bitten mitzukommen oder Mitfahrmöglichkeiten zu vereinbaren. Wesentlich ist, den Klienten zu motivieren, seinen Vorsatz wirklich umzusetzen. Helfen Sie ihm, die Aktivitäten so zu strukturieren, dass die Wahrscheinlichkeit für Erfolg recht hoch ist. Je genauer der Plan, desto größer ist die Chance, dass er auch ausgeführt wird. *Ich werde am Samstagnachmittag zum Handballtraining gehen* ist besser als *Ich werde mich mal nach etwas umschauen, was vielleicht Spaß machen könnte.*

6.6.4 Systematische Ermutigung

Viele Klienten zeigen die ehrliche Absicht, neue Aktivitäten auszuprobieren, tun es dann aber doch nicht. Vielleicht weil sie nicht über die notwendigen Fertigkeiten verfügen, sich schämen oder nicht ausreichend darauf vorbereitet sind, etwas Neues auszuprobieren – ein nur zu bekanntes Problem.

Im Folgenden deshalb ein 3-Schritte-Prozess zur systematischen Ermutigung Ihres Klienten:

1. Hat der Klient erst einmal eine Aktivität ausgesucht, sollten Sie nicht sicher annehmen, dass er ihr auch nachkommen wird. Erarbeiten Sie einen konkreten Handlungsplan. Als Beispiel die Teilnahme an einem Volkshochschulkurs: Planen Sie, wie er die Volkshochschule kontaktiert und was er am Telefon sagt. Üben Sie den Telefondialog und – falls möglich – lassen Sie den Klienten den Anruf während der Sitzung tätigen. Das gibt Ihnen die Möglichkeit, den Klienten für die gut gemachten Dinge zu loben, während Sie gleichzeitig einen Einblick erhalten, wie der Klient mit anderen kommuniziert.

2. Wann immer sich die Gelegenheit bietet, sollte der Klient das „Kumpel-System" einsetzen: eine bekannte Person einladen, mitnehmen, dort treffen oder eine Mitfahrgelegenheit arrangieren. Zu wissen, dass er nicht allein ist, erleichtert den Klienten und hilft ihm, seinen Plan umzusetzen.

3. Führen Sie mit dem Klienten eine Manöverkritik durch. War es etwas, was Spaß gemacht hat und woran er wieder teilnehmen würde? Klären Sie alle Hindernisse der Wiederteilnahme (z.B. Beförderung zum Treffpunkt, Kinderbetreuung etc.). Falls der Klient nicht teilgenommen hat, explorieren Sie die Gründe dafür. Erstellen Sie einen neuen Plan, der eine Teilnahme in der Folgewoche möglich macht.

Unterstützen Sie Ihren Klienten beim Antesten aller alkoholfreien Aktivitäten, bis er einige findet, die Spaß machen und bei denen er bleiben wird. Das Ausprobieren neuer Aktivitäten kann fortgesetzt werden, während Sie an anderen Modulen arbeiten.

7 Phase 4: Aufrechterhaltung

Erfahrungsgemäß ereignen sich die meisten Rückfälle in den ersten 3 Monaten nach Abschluss einer Behandlung. Zur Aufrechterhaltung der Therapieerfolge ist es deshalb sinnvoll, im Verlauf der 12 Monate nach Abschluss der Behandlung gelegentlich (alle 3–6 Monate) eine ASP-Sitzung durchzuführen; selbst bei Patienten, die gut vorankommen. In Phase 4 geht es primär jedoch nicht darum, einen Rückfall zu verhindern; sie ist vielmehr eine Möglichkeit, die erzielten Therapieerfolge aufrechtzuerhalten, indem die neu erlernten Fertigkeiten verstärkt werden. Sie sollte nicht im Sinne von Überprüfung oder Erfolgskontrolle verstanden werden, sondern als ein systematisch eingesetzter positiver Verstärker. Wenn möglich, sollte die WP auch in diese Sitzungen involviert werden.

Phase 3 endet üblicherweise, wenn eine der folgenden 2 Situationen gegeben ist:

1. Ihr Klient und Sie beschließen **gemeinsam**, die regelmäßigen Sitzungen zu beenden, z.B.:
   ◢ Sie sind sich einig, dass die Behandlungsziele erreicht wurden.
   ◢ Es gibt keine weiteren Fertigkeitenmodule, die die Bedürfnisse des Klienten ansprechen.

◢ Sie und Ihr Klient stimmen aus anderen praktischen Gründen überein, die regulären Sitzungen zu beenden. Vereinbaren Sie mindestens eine weitere Sitzung in etwa 2–4 Wochen.

2. Ihr Klient entscheidet **einseitig**, die Behandlung zu beenden, z.B.:
   ◢ Ihr Klient verkündet, dass er die Behandlung abbricht.
   ◢ Ihr Klient lehnt es ab, eine weitere Sitzung zu vereinbaren.
   ◢ Ihr Klient verpasst 2 oder mehrere Sitzungen hintereinander, ohne formal bekannt zu geben, dass er die Behandlung abbricht. Kontaktieren Sie ihn in dem Fall telefonisch oder schriftlich, schlagen Sie vor, sich weniger häufig zu treffen, und vereinbaren Sie die nächste Sitzung zum schnellstmöglichen Termin.

Begründung für Phase 4

Die Sitzungen der Phase 4 können dem Klienten gegenüber folgendermaßen vorgestellt werden:

◢ In Phase 1 wird die Motivation aufgebaut und die Selbstverpflichtung konsolidiert.
◢ In Phase 2 wird ein spezifischer Veränderungsplan entwickelt.

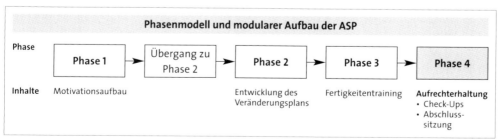

Abb. 7.1: Phasenmodell und modularer Aufbau der ASP – Phase 4

◢ In Phase 3 werden kognitiv-behaviorale Fertigkeiten für eine Abstinenz erarbeitet.

◢ Phase 4 (s. Abb. 7.1) dient dem Check-up des Fortschritts und zur Aufrechterhaltung der Erfolge. (Vermeiden Sie den Ausdruck Rückfall.)

Erläutern Sie, dass Sie sich nun nur noch gelegentlich treffen sollten. Fragen Sie den Klienten, ob er dazu bereit ist, und legen Sie den 1. Termin fest. Falls der Klient ablehnt, bieten Sie ihm an, sich zu melden, falls es ihm wichtig erscheint, eine Sitzung zu vereinbaren.

In Phase 4 kann es hilfreich sein, spezifische Situationen zu besprechen, die seit der letzten Sitzung aufgetreten sind. Dabei können 2 Arten von Situationen erörtert werden:

◢ Situationen, in denen der Klient keinen Alkohol trank.

◢ Situationen, in denen der Klient trank.

Alkoholfreie Situationen: Die meisten Klienten erleben es als höchst positiv und belohnend, von Situationen zu berichten, in denen sie früher Alkohol konsumiert haben oder der Versuchung zum Trinken ausgesetzt waren, sie aber erfolgreich abstinent überstanden haben. Bitten Sie den Klienten, ausführlich zu erzählen, was er getan hat, um die Erfolge zu erzielen. Nutzen Sie Reflexionen, Bestätigungen und Zusammenfassungen, um Selbstbewusstsein, Selbstwert und damit auch Selbstwirksamkeit zu stärken. Bewerten Sie selbst minimale Fortschritte und geringe Erfolge positiv und lobenswert. Würdigen Sie den Klienten auch für kleine Schritte.

Ausrutscher (s.a. Bedarfsmodul „Ausrutscher", Kap. 5.3): Hat der Klient seit der letzten Sitzung Alkohol konsumiert, besprechen Sie, wie es dazu kam. Vermeiden Sie jegliche Verurteilung in Tonfall oder Haltung und bleiben Sie empathisch.

Offene Fragen können hilfreich sein, Gedanken, Gefühle, Reaktionen und Erkennt-

nisse hervorzurufen, die wiederum zu SMS führen können:

◢ *Was bedeutet das für die Zukunft?*

◢ *Ich frage mich, was Sie beim nächsten Mal anders machen werden.*

Falls der Klient einverstanden ist, können Sie auch angemessene Bewältigungsstrategien aus Phase 3 nochmals durchgehen. Denken Sie daran, dass Motivationsprobleme sowohl durch fehlendes Selbstvertrauen als auch durch einen Mangel an wahrgenommener Wichtigkeit oder Bereitschaft ausgelöst werden können. Liegen neue Probleme und Herausforderungen vor, könnten Sie beide gemeinsam entscheiden, wieder regelmäßige Sitzungen zu vereinbaren. Falls auch der Klient es für sinnvoll hält, weitere Sitzungen zum Fertigkeitentraining abzuhalten, vermeiden Sie es aber unbedingt, ihm die Botschaft zu vermitteln, er könnte es ohne Ihre zusätzliche Hilfe nicht schaffen.

7.1 Check-up-Sitzungen

Die Check-up-Sitzungen haben 3 Hauptkomponenten:

◢ Rückschau auf die Behandlungsfortschritte

◢ Erneuerung der Motivation

◢ Erneuerung der Selbstverpflichtung zur Veränderung

Rückschau auf die Behandlungsfortschritte: Fragen Sie zu Beginn jeder Sitzung, was sich seit der letzten Sitzung ereignet hat, und reflektieren Sie, was Ihr Klient berichtet. Betonen Sie besonders alles Positive und verstärken jeglichen Fortschritt. Hat der Klient Alkohol getrunken, untersuchen Sie die Umstände. Es ist ganz wichtig, sich nicht verurteilend zu äußern, weder verbal noch nonverbal (s. Bedarfsmodul „Ausrutscher", Kap. 5.3).

Erneuerung der Motivation: Die motivierende Gesprächsführung bleibt auch in Phase 4 der grundlegende therapeutische Stil der Behandlung. Sie sollten darauf vorbereitet sein, dass auch in Phase 4 Ambivalenz erneut auftreten und die Selbstverpflichtung zur Abstinenz infrage stellen kann. Deshalb ist es möglich, dass der Motivationsaufbau fortgesetzt werden muss. Greifen Sie auf die bekannten MI-Methoden zurück.

Nochmalige Verpflichtung: Jede Check-up-Sitzung sollte mit einer zusammenfassenden Reflexion beendet werden, die noch einmal aufführt, wo sich der Klient zurzeit befindet und welche Schritte er als Nächstes in Angriff nehmen wird. Der Veränderungsplan sollte überprüft und ggf. aktualisiert werden. Achten Sie auf die SMS und verstärken Sie diese. Es sollte der klare Eindruck einer kontinuierlichen Begleitung vermittelt werden.

7.2 Abschluss der ASP

In der ASP wird empfohlen, die Behandlung mit einem strukturierten Prozess abzuschließen. In einigen Fällen wird der Klient auf einen frühen Abschluss der Behandlung bestehen und nicht zu einer Abschlusssitzung erscheinen wollen oder können. Versuchen Sie trotzdem, ihn zu einer Abschlusssitzung zu bewegen, *um durchzusprechen, was wir zusammen erarbeitet haben und was Sie nach dem Ende der Therapie tun möchten.* In den seltenen Fällen, in denen ein Klient sogar die Teilnahme an jeglichen weiteren Sitzungen ablehnt, führen Sie das Abschlussverfahren in der gegenwärtigen Sitzung durch.

Vorbereitung

Da Sie sich bereits zu Anfang der Behandlung auf eine bestimmte Anzahl von Sitzungen geeinigt haben, ist es ratsam, den Klienten von Zeit zu Zeit an den Endpunkt der Therapie zu erinnern. Überraschen Sie ihn niemals mit der Neuigkeit: *Das ist unsere letzte Sitzung.* Teilen Sie ihm mindestens 3 Sitzungen vor der Abschlusssitzung mit: *Wir haben noch 3 weitere Sitzungen miteinander, und deshalb möchte ich sicher sein, dass wir ausreichend Zeit haben, um über das zu sprechen, was wir bisher vielleicht vergessen haben.* Wiederholen Sie die Äußerung während der letzten 2 Sitzungen.

Zu Ihrer eigenen Vorbereitung

Gehen Sie all Ihre Fallnotizen durch und achten dabei besonders auf die positiven Veränderungen und Fortschritte, die Ihr Klient während der Zeit gemacht hat. Überdenken Sie auch, ob der Klient zusätzliche Behandlungen oder Hilfeleistungen in Anspruch nehmen sollte.

Wesentliche Elemente der Abschlusssitzung

Sprechen Sie Ihre Anerkennung für den Klienten und die gemeinsam geleistete Arbeit aus. Das sollte nicht stereotyp ablaufen, sondern aufrichtig und individuell für jeden Klienten.

Fragen Sie den Klienten, welche wichtigen Veränderungen er während der Behandlung erlebt hat. Rufen Sie dabei seine eigene Wahrnehmung bezüglich positiver Veränderungen hervor. Verwenden Sie reflektierendes Zuhören, um den Klienten positiv zu verstärken.

Gehen Sie positive Veränderungen und Fortschritte mit dem Klienten durch. Äußern Sie Ihre eigene Perspektive zu den Veränderungen. Erinnern Sie den Klienten bei geeigneter Gelegenheit daran, wo er bei Antritt der Behandlung stand, und heben Sie die Schritte positiv hervor, die zu Veränderungen während der Behandlung führten. Äußern Sie die Aspekte positiv und frei von Einschränkungen wie *obwohl Sie …* oder *außer …* Sie werden durch eine abschließende Zusammenfassung der Situation und der Fortschritte des Klienten in den Sitzungen ergänzt.

Rechnen Sie die positiven Veränderungen dem Klienten an. Sprechen Sie dem Klienten ein ausdrückliches Lob für die erzielten positiven Veränderungen aus. Zum Beispiel: *Ich freue mich, wenn ich helfen konnte, aber tatsächlich sind Sie es gewesen, der die Arbeit gemacht und die Veränderungen vollzogen hat. Niemand anderes konnte das für Sie tun. Es ist wirklich bewundernswert, wie viel Sie in relativ kurzer Zeit erreicht haben.*

Explorieren Sie die Gefühle, die der Therapieabschluss bei Ihrem Klienten hervorruft. Stellen Sie offene Fragen wie: *Wie fühlen Sie sich so kurz vor dem Ende der Therapie?* Reflektieren Sie die Antworten des Klienten. Treten negative Gefühle auf, zeigen Sie Verständnis und erklären, dass dies normal ist. Bricht ein Klient die Behandlung vorzeitig ab, signalisieren Sie ihm, dass er jederzeit zurückkommen kann, falls er wirklich dazu bereit ist.

Fragen Sie, was als Nächstes kommt. Fragen Sie, was sich im Verlauf der nächsten Wochen wahrscheinlich ereignen wird. Gibt es zusätzliche Veränderungen, die er vornehmen möchte? Welche neuen Ziele möchte er erreichen? Rufen Sie dabei selbstmotivierende Sprache hervor.

Unterstützen Sie die Selbstwirksamkeit. Betonen Sie die Fähigkeiten des Klienten, sein Leben zu verändern und die richtigen Entscheidungen zu treffen. Drücken Sie Hoffnung und Optimismus für die Zukunft aus. Nutzen Sie hierfür Ihre Kenntnisse über den Klienten.

Besprechen Sie weitergehende Behandlungen. Falls angebracht, besprechen Sie, ob anschließende Behandlungen bei anderen Einrichtungen (Suchtberatungsstellen, Selbsthilfegruppen, Langzeittherapie, aber auch andere medizinische oder soziale Betreuung) sinnvoll wären. Falls Sie spezielle Bedenken zu seinen Plänen haben, teilen Sie sie mit und fragen den Klienten, ob Ihre Vorschläge für ihn Sinn machen. Stellen Sie ihm entsprechendes Infomaterial zur Verfügung.

Abschluss. Drücken Sie nochmals Ihre authentische Wertschätzung aus. Signalisieren Sie Optimismus für die Zukunft. Verabschieden Sie den Klienten mit Ihren besten Wünschen.

Literaturverzeichnis

Anton RF et al., Combined Pharmacotherapies and Behavioral Interventions for Alcohol dependence: The COMBINE Study: A Randomized Controlled Trial. JAMA (2006), 295, 2003–2017

Bandura A, Self-efficacy mechanism in human agency. American Psychologist (1982), 37, 122–147

Beck AT (1976) Cognitive Therapy and the Emotional Disorders. International Press, New York

Brown RA et al., Cognitive-behavioral treatment for depression in alcoholism. Journal of Consulting and Clinical Psychology (1997), 5, 715–726

Burns D (1980) Feeling Good: The New Mood Therapy. William Morrow, New York

Cunningham JA et al., Heavy drinking and negative affective situations in a general population and a treatment sample: Alternative explanations. Psychology of Addictive Behaviors (1995) 9, 123–127

DiClemente CC, Prochaska JO (1998) Toward a comprehensive, transtheoretical model of change: Stages of change and addictive behaviors. In: Miller WR, Heather N (Eds.) Treating addictive behaviors (2. Ed., 3–24). Plenum Press, New York

Emrick CD et al., (1993) Alcoholics Anonymous: What is currently known? In McCrady BS & Miller WR (Eds.), Research on Alcoholics Anonymous: Opportunities and alternatives. 41–76. Rutgers Center of Alcohol Studies, New Brunswick NJ

Festinger L (1957) A theory of cognitive dissonance. Stanford University Press, Stanford/CA

Finney JW, Monahan SC, The cost-effectiveness of treatment for alcoholism: A second approximation. Journal of Studies on Alcohol (1996) 57, 229–243

Frankl VE (1963) Man's Search for Meaning. Washington Square Press, New York

Holder H et al., The cost effectiveness of treatment for alcoholism: A first approxima-tion. Journal of Studies on Alcohol, (1991) 52, 517–540

Mann K et al. (2006) Qualifizierte Entzugsbe-handlung von Alkoholabhängigen. Ein Manual zur Pharmako- und Psychothera-pie, Deutscher Ärzte-Verlag, Köln

Marlatt GA, Gordon JR (1985) Relapse preven-tion: Maintenance strategies in the treat-ment of addictive behaviors. Guilford Press, New York

Mattick RP, Jarvis TJ (1992) An outline for the management of alcohol problems: Quality assurance project. National Drug Abuse Research Centre, Sydney, Australia

Meyers RJ, Smith JE (1995) Clinical guide to alcohol treatment: The community rein-forcement approach. Guilford Press, New York

Miller WR (2004) Combined Behavioral Inter-vention Manual. National Institute on Alcohol Abuse and Alcoholism; Bethesda, MD

Miller WR et al., (1998) A wealth of alternati-ves: Effective treatments for alcohol pro-blems. In Miller WR, Heather N (Eds.) Treating addictive behaviors: Processes of change, 2 Ed., 203–216. Plenum Press, New York

Miller WR et al., What predicts relapse? Pro-spective testing of antecedent models. Addiction. (1996) 91 (Supplement), 155–171

Miller WR et al. (1995) What works? A metho-dological analysis of the alcohol treat-ment outcome literature. In Miller WR, Hester RK (Eds.) Handbook of alcoholism treatment approaches: Effective alternati-ves, 2 Ed., 12– 44. Plenum Press, New York

Miller WR, Rollnick S (1991) Motivational interviewing: Preparing people for change. Guilford Press, New York

Miller WR, Taylor CA, West JC, Focused versus broad-spectrum behavior therapy for pro-blem drinkers. Journal of Consulting and Clinical Psychology (1980), 48, 590–601

Patterson GR, Forgatch MS, Therapist behavior as a determinant for client noncompliance: A paradox for the behavior modifier. Journal of Consulting and Clinical Psychology (1985) 52, 846–851

Project MATCH Research Group, Matching alcoholism treatments to client heterogeneity: Project MATCH posttreatment drinking outcomes. Journal of Studies on Alcohol (1997), 58, 7–29

Project MATCH Research Group, Matching alcoholism treatments to client heterogeneity: Project MATCH three-year drinking outcomes. Alcoholism: Clinical and Experimental Research (1998), 22, 1300–1311

Valle SK, Interpersonal functioning of alcoholism counselors and treatment outcome. Journal of Studies on Alcohol (1981), 42, 783–790

Volpicelli JR et al., Naltrexone and alcohol dependence: Role of subject compliance. Archives of General Psychiatry (1997), 54, 737–742

Anhang A – Arbeitsblätter

Alle Arbeitsblätter finden Sie zum Ausdrucken auf der beiliegenden CD-ROM.

Übersicht

Arbeitsblatt 1: Unterstützung für Abstinenz

Unterstützung für Abstinenz

Bitte wählen Sie jemanden aus, dessen Unterstützung Sie gerne während Ihrer Behandlung haben möchten. Eine ideale Person wäre jemand:

- **der Ihnen wichtig ist**

- **den Sie regelmäßig sehen und mit dem Sie viel Zeit verbringen**

- **der Sie mag, Sie versteht und Ihnen zuhört**

- **der Ihnen in der Vergangenheit geholfen hat**

- **der Sie bei der Abstinenz unterstützen würde**

- **der bereit wäre, mit Ihnen zu den Sitzungen zu kommen.**

Arbeitsblatt 2: Wesentliche Merkmale einer wichtigen Person (WP)

Menschen, mit
denen Sie
Zeit verbringen

Menschen, die
Ihre **Abstinenz**
unterstützen

Menschen, die
wichtig für Sie sind

Arbeitsblatt 3: Hilfreiche Menschen

Um den besten Anwärter für die Rolle der **wichtigen Person (WP)** zu ermitteln, tragen Sie den Namen des Kandidaten ein und arbeiten das Arbeitsblatt durch.

WP-Kandidat: _____

Unterstützend für die Behandlung:

Unterstützt Abstinenz	Niemals 0 %	Selten 25%	Häufig 50%	**Gewöhnlich 75%**	**Immer 100%**
Hält eigene Abstinenz bei	Niemals 0 %	Selten 25%	Häufig 50%	**Gewöhnlich 75%**	**Immer 100%**
Immer verfügbar zu Sitzungen	Niemals 0 %	Selten 25%	Häufig 50%	**Gewöhnlich 75%**	**Immer 100%**
Unterstützt meine Ziele	Niemals 0 %	Selten 25%	Häufig 50%	**Gewöhnlich 75%**	**Immer 100%**

Unterstützend für mich:

Hört zu	Niemals 0 %	Selten 25%	Häufig 50%	**Gewöhnlich 75%**	**Immer 100%**
Macht Vorwürfe	Immer 100 %	Gewöhnlich 75%	Häufig 50%	**Selten 25%**	**Niemals 0%**
Hilft	Niemals 0 %	Selten 25%	**Häufig 50%**	**Gewöhnlich 75%**	**Immer 100%**
Zeigt Respekt	Niemals 0 %	Selten 25%	Häufig 50%	**Gewöhnlich 75%**	**Immer 100%**
Weiß und versteht	Niemals 0 %	Selten 25%	Häufig 50%	**Gewöhnlich 75%**	**Immer 100%**

Immer bereit:

Mit mir zu sprechen	Niemals 0 %	Selten 25%	Häufig 50%	**Gewöhnlich 75%**	**Immer 100%**
Mich zu sehen	Niemals 0 %	Selten 25%	**Häufig 50%**	**Gewöhnlich 75%**	**Immer 100%**
Ehrlich zu mir zu sein	Niemals 0 %	Selten 25%	Häufig 50%	**Gewöhnlich 75%**	**Immer 100%**

Fett hervorgehobene Felder weisen empfohlene Kriterien für die WP-Auswahl aus.

Arbeitsblatt 4: Selbsteinschätzung

Einschätzung der Wichtigkeit (willig)

0	1	2	3	4	5	6	7	8	9	10
überhaupt nicht wichtig		irgendwie wichtig		ziemlich wichtig		wichtig		sehr wichtig		extrem wichtig

Einschätzung der Selbstwirksamkeit (fähig)

0	1	2	3	4	5	6	7	8	9	10
überhaupt nicht fähig		irgendwie fähig		ziemlich fähig		fähig		sehr fähig		extrem fähig

Einschätzung der aktuellen Bereitschaft (bereit)

0	1	2	3	4	5	6	7	8	9	10
überhaupt nicht bereit		irgendwie bereit		ziemlich bereit		bereit		sehr bereit		extrem bereit

Arbeitsblatt 5: Entscheidungswaage

Kontra (Gründe, sich nicht zu verändern)	Pro (Gründe, sich zu verändern)
Gute Gründe, weiter zu trinken wie bisher	Negative Aspekte des Trinkens
Was spricht gegen Abstinenz?	Gute Gründe, meinen Alkoholkonsum zu ändern

Arbeitsblatt 6: Alte Wege

Auslöser	Wirkungen

Arbeitsblatt 7: Persönliche Zufriedenheit

Lebensbereiche	Wie glücklich oder zufrieden sind Sie mit diesen Bereichen Ihres Lebens?											Verbunden mit Alkoholkonsum	Veränderung
	Vollkommen unzufrieden		Eher unzufrieden		Eher zufrieden		Überwiegend zufrieden		Vollkommen zufrieden		Nicht zutreffend		
Freunde und soziale Aktivitäten	1	2	3	4	5	6	7	8	9	10	NZ		1
Arbeitsplatz	1	2	3	4	5	6	7	8	9	10	NZ		2
Wo ich lebe	1	2	3	4	5	6	7	8	9	10	NZ		3
Geld, finanzielle Sicherheit	1	2	3	4	5	6	7	8	9	10	NZ		4
Ausbildung und Lernen	1	2	3	4	5	6	7	8	9	10	NZ		5
Freizeit und Spaß	1	2	3	4	5	6	7	8	9	10	NZ		6
Stimmung und Selbstrespekt	1	2	3	4	5	6	7	8	9	10	NZ		7
Wut und Streitigkeiten	1	2	3	4	5	6	7	8	9	10	NZ		8
Stress und Angst	1	2	3	4	5	6	7	8	9	10	NZ		9
Gesundheit	1	2	3	4	5	6	7	8	9	10	NZ		10
Glaube und Religion	1	2	3	4	5	6	7	8	9	10	NZ		11
Liebe und Zuneigung	1	2	3	4	5	6	7	8	9	10	NZ		12
Familienbeziehungen	1	2	3	4	5	6	7	8	9	10	NZ		13
Beziehung mit Ehepartner/Partner	1	2	3	4	5	6	7	8	9	10	NZ		14
Sexualität	1	2	3	4	5	6	7	8	9	10	NZ		15
Essen, Gewicht	1	2	3	4	5	6	7	8	9	10	NZ		16
Körperliche Betätigung, Sport	1	2	3	4	5	6	7	8	9	10	NZ		17
Geben/sich um andere kümmern	1	2	3	4	5	6	7	8	9	10	NZ		18
Denkfähigkeit, Erinnerungsvermögen	1	2	3	4	5	6	7	8	9	10	NZ		19
Persönliche Sicherheit	1	2	3	4	5	6	7	8	9	10	NZ		20
	Vollkommen unzufrieden		Eher unzufrieden		Eher zufrieden		Überwiegend zutreffend		Vollkommen zufrieden		Nicht zutreffend		

Arbeitsblatt 8: Kartenset Persönliche Zufriedenheit

Gründe für persönliche Zufriedenheit	Freunde und Gesellschaftsleben	Job/Arbeit
	PZ 1	PZ 2
Wo ich lebe	Geld und finanzielle Sicherheit	Ausbildung und Lernen
PZ 3	PZ 4	PZ 5
Freizeit und Spaß	Stimmung und Selbstachtung	Wut und Streit
PZ 6	PZ 7	PZ 8
Stress und Angst	Gesundheit	Glaube und Religion
PZ 9	PZ 10	PZ 11
Liebe und Zuneigung	Familienbeziehungen	Beziehung mit Ehepartner/ Partner
PZ 12	PZ 13	PZ 14
Sexualität	Essen und Gewicht	Körperliche Betätigung und Sport
PZ 15	PZ 16	PZ 17
Geben/sich um andere kümmern	Denkfähigkeit und Erinnerungs- vermögen	Persönliche Sicherheit
PZ 18	PZ 19	PZ 20
Ja	Nein	

Arbeitsblatt 9: Mögliche Themen

Arbeitsblatt 10: Veränderungsplan

Was ich verändern werde	Konkrete Ziele	Zu verwendendes Modul und voraussichtlicher Beginn
Nr. 1 Alkohol		
Nr. 2		
Nr. 3		
Nr. 4		
Nr. 5		
Unterschrift des Therapeuten:	Unterschrift des Klienten:	Datum:

Arbeitsblatt 11: Verstehen eines Ausrutschers

Zum Zeitpunkt, zu dem ich mein erstes alkoholisches Getränk hatte:

1. **Wo** war ich?

2. Was **geschah** in der Situation genau, bevor ich trank, was möglicherweise meinen Wunsch nach Alkohol erhöht hat?

3. **Wer** war bei mir?

4. Was **fühlte** ich, bevor ich trank?

5. Was **habe ich gedacht**, bevor ich trank? Habe ich über Alkohol nachgedacht?

6. Was habe ich vom Trinken **erwartet**? Wie dachte ich über die möglichen **Vorteile** des Trinkens in dieser Situation?

7. **Was geschah tatsächlich während** und **nachdem** ich trank? Passte das zu dem, was ich erwartete?

8. **Was genau war es an der Situation (falls etwas), die sie besonders riskant** machte?

9. Wie hätte ich **anders** mit der Situation **umgehen** können, ohne zu trinken? Welche Dinge habe ich versucht (falls etwas), um das Trinken in dieser Situation zu vermeiden?

10. Gab es zu diesem Zeitpunkt größere **Probleme** oder **Sorgen in meinem Leben**, die möglicherweise meine Entscheidung, wieder zu trinken, beeinflusst haben?

Arbeitsblatt 12: Einen Ausrutscher verarbeiten: 8 praktische Tipps

1. **Finden Sie Ihren Weg wieder!**
   Stoppen Sie das Trinken – je schneller, desto besser!

2. **Schaffen Sie sich mehr Freiraum!**
   Entfernen Sie jeglichen Alkohol aus dem Haus und begeben Sie sich, falls möglich, umgehend aus der Situation, in der Sie tranken.

3. **Jeder Tag ist ein neuer Tag!**
   Obwohl das Trinken eines alkoholischen Getränks (oder mehrerer) beunruhigend sein kann, müssen Sie das Trinken nicht fortsetzen. Sie allein treffen Ihre Entscheidungen.

4. **Bitten Sie telefonisch um Hilfe!**
   Rufen Sie umgehend Ihren Therapeuten oder einen abstinenten und unterstützenden Freund an und sprechen Sie darüber, was gerade geschieht, oder gehen Sie zu einem AA- oder anderen Treffen einer Selbsthilfegruppe.

5. **Machen Sie eine Pause!**
   Tun Sie Dinge, die nicht mit dem Trinken vereinbar sind, um das Verhaltensmuster zu durchbrechen.

6. **Überdenken Sie das Geschehene!**
   Diskutieren Sie es aus gewisser Distanz mit Ihrem Therapeuten oder Freund auf einem Treffen, um besser verstehen zu können, was zu diesem Zeitpunkt in der speziellen Situation zu Ihrem Alkoholkonsum beigetragen hat.

7. **Machen Sie sich nicht schlecht!**
   Es hilft nicht, sich herunterzuziehen. Falls Sich-schlecht-Fühlen Trinkprobleme heilen würde, gäbe es keine. Lassen Sie nicht zu, dass Gefühle der Entmutigung, Wut oder Schuld Sie davon zurückhalten, um Hilfe zu bitten und wieder Ihren Weg zu finden.

8. **Lernen Sie aus der Erfahrung!**
   Verwenden Sie das Geschehene zur Stärkung Ihrer Entscheidung und Pläne zur Abstinenz. Finden Sie heraus, was Sie tun sollten, damit es nicht wieder geschieht.

Arbeitsblatt 13: Case-Management

Ziel:			Spezifische Zielsetzung/Teilziele:	
Fertig zu stellende Aufgaben	**Durch (Person)**	**Ziel Datum**	**Bemerkungen**	**Beendet Datum**

Arbeitsblatt 14: Trinkdrucküberwachung

Datum/Uhrzeit	Situation	0–100	Wie ich reagiert habe

Arbeitsblatt 15: STORC: Verstehen von Emotionen und Stimmungen

S Ihre Situation

Ihre Situation ist gekennzeichnet von Menschen, Plätzen und Dingen um Sie. Menschen denken oftmals aufgrund dessen, was um sie herum geschieht, spezielle Stimmungen oder Emotionen zu verspüren, aber das ist nur ein Teil eines Gesamtbilds.

T Ihre Gedanken

Keine Situation beeinflusst Sie, bevor Sie diese interpretieren. Wie Sie über das Geschehen denken, hat einen gewaltigen Einfluss darauf, wie Sie es empfinden. Andere Gedanken oder Interpretationen führen zu anderen Gefühlen.

O Ihre körperlichen Empfindungen

Was in Ihrem Körper geschieht, ist ebenfalls ein wichtiger Teil der Stimmungen oder Emotionen, die Sie verspüren. Viele emotionale Erfahrungen haben eine spezielle Art von körperlicher Erregung zur Folge, die als aufgeregt, wütend, bestürzt, ängstlich etc. empfunden wird. Welche spezielle Emotion Sie empfinden, hängt nicht zuletzt davon ab, wie Sie interpretieren oder benennen, was in Ihrem Körper geschieht.

R Ihre Antwort oder Reaktion

Interessanterweise hat Ihre Reaktion auf S, T und O ebenfalls eine große Wirkung auf Ihr Wohlbefinden. Verschiedene Verhaltensreaktionen führen zu verschiedenen Stimmungen und Emotionen.

C Konsequenzen auf Ihre Reaktion

Wie Sie reagieren bzw. was Sie tun, hat bestimmte Auswirkungen. Es zieht Konsequenzen nach sich, die Ihr Umfeld (speziell andere Menschen) betrifft. Ihre Reaktion löst eine Gegenreaktion aus und diese wiederum beeinflusst auch Ihre Stimmungen und Gefühle und wird somit zu einem Teil Ihrer Situation, wodurch sich der Kreislauf wiederholt.

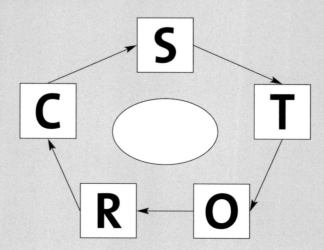

Arbeitsblatt 16: Stimmungstagebuch

Stimmungslevel Wertung: Sehr negativ: – 10 Neutral: 0 Sehr positiv: + 10	Stimmungslevel Wertung: Sehr negativ: – 10 Neutral: 0 Sehr positiv: + 10	Stimmungslevel Wertung: Sehr negativ: – 10 Neutral: 0 Sehr positiv: + 10
S Situation	**S** Situation	**S** Situation
T Gedanken	**T** Gedanken	**T** Gedanken
O Gefühle	**O** Gefühle	**O** Gefühle
R Was ich getan habe	**R** Was ich getan habe	**R** Was ich getan habe
C Was geschah	**C** Was geschah	**C** Was geschah

Arbeitsblatt 17: Neue Gedanken

Automatischer negativer Gedanke	Resultierende Gefühle	Gedankenersatz (neuer Gedanke)	Resultierende Gefühle

Arbeitsblatt 18: Soziale Drucksituationen und Bewältigungsstrategien

Situation (Person, Ort etc.)	Bewältigungsstrategie

Arbeitsblatt 19: Checkliste sozialer Drucksituationen

In welchem Ausmaß erwarten Sie, dass folgende Situationen beim Erhalt der Abstinenz ein Problem darstellen könnten?

	Kein Problem	Ein wenig	Großes Problem
1. Ich bin mit anderen Leuten zusammen, die trinken			
2. Jemand, der mir wichtig ist, trinkt immer noch			
3. Familienmitglieder sind nicht mit meiner Abstinenz einverstanden			
4. Freunde sind nicht mit meiner Abstinenz einverstanden			
5. Andere Menschen fühlen sich nicht wohl, weil ich nicht trinke			
6. Menschen bieten mir Alkohol an			
7. Ich schäme mich, anderen zu sagen, dass ich nicht trinke			
8. Jemand, mit dem ich lebe, ist Trinker			
9. Die meisten meiner engen Freunde trinken			
10. Ich gehe auf Partys und feiere, wo es Alkohol gibt			
11. Ich versuche jemandem zu helfen, der trinkt			
12. Ich habe Zugang zu Alkohol am Arbeitsplatz oder in der Schule			
13. Manchmal liebe ich den Alkohol einfach zu sehr			
14. Manche Menschen setzen mich unter Druck zu trinken			
15. Manche Menschen machen es mir schwer, nicht zu trinken			
	Kein Problem	Ein wenig	Großes Problem

Arbeitsblatt 20: Situationen für soziale Kompetenz

Situationen für Kompetenz

- Wenn Sie mit Autoritätspersonen zu tun haben (z.B. Fragen nach Gehaltserhöhung, mit einem Polizisten über einen Strafzettel sprechen, Ihre Behandlung mit einem Arzt diskutieren).

- Wenn Sie Wut oder Kritik ausdrücken, speziell gegenüber Personen, die Ihnen wichtig sind.

- Wenn Sie von jemandem kritisiert werden, speziell von Personen, die Ihnen wichtig sind (z.B. Verantwortung für Ihre Taten übernehmen wollen, sich bei jemandem entschuldigen oder Wiedergutmachung leisten wollen).

- Wenn Sie positive Gefühle ausdrücken oder jemandem ein Kompliment machen möchten.

- Wenn Sie ein Kompliment oder eine positive Rückmeldung von jemandem entgegennehmen.

- Wenn Sie eine Bitte abschlagen müssen.

- Wenn Sie jemanden um Hilfe, einen Gefallen oder um Unterstützung bitten möchten.

- Wenn Sie Ihre Meinung äußern.

- Wenn Sie …

- Wenn Sie …

- Wenn Sie …

Arbeitsblatt 21: Einige Grundregeln sozial kompetenter Kommunikation

1. Verwenden Sie eine Ich-Botschaft

Wenn Sie sich ausdrücken – Ihre Gedanken, Gefühle, Meinungen, Bitten – beginnen Sie mit dem Wort *ich*, nicht mit *du/Sie*. Wenn Sie mit *ich* anfangen, übernehmen Sie Verantwortung für das Gesagte. Äußerungen, die mit *du/Sie* anfangen, werden oft als aggressiver, anschuldigender etc. aufgenommen.

2. Seien Sie konkret

Sprechen Sie ein bestimmtes Verhalten oder eine Situation an, keine allgemeinen Persönlichkeitsmerkmale oder Charakterzüge. Beispielsweise führt eine spezifische Anfrage mehr zu einer Veränderung, wohingegen allgemeine Kritik Dinge eher verschlimmert.

3. Drücken Sie sich klar aus

Sagen Sie, was Sie meinen. Erwarten Sie von der anderen Person nicht, dass sie Ihre Gedanken lesen kann oder einfach weiß, was Sie wollen oder meinen. Wenn Sie eine Bitte aussprechen, äußern Sie diese klar und deutlich. Wenn Sie auf eine Bitte antworten, seien Sie direkt und bestimmt. *Nein, ich möchte das nicht tun ist klarer als Nun, vielleicht. Ich weiß nicht.* Ihr Gesichtsausdruck und Ihre Körpersprache sollten Ihre Botschaft unterstreichen. Sprechen Sie laut genug, um gehört zu werden, und verwenden Sie einen festen (aber keinen drohenden) Ton. Schauen Sie der Person in die Augen (nicht auf den Boden). Lassen Sie keine lange Stille entstehen.

4. Seien Sie respektvoll

Versuchen Sie nicht, die andere Person einzuschüchtern, zu gewinnen oder zu kontrollieren. Sprechen Sie so respektvoll mit ihr, wie Sie es für sich selbst auch erwarten würden. Falls Sie etwas Negatives oder Kritisches zu sagen haben, gleichen Sie es mit einer positiven Äußerung davor und danach aus. Sind Sie sich bewusst, dass Personen verschiedene Bedürfnisse haben und auf verschiedene Weise verstehen. Übernehmen Sie in Konfliktsituationen teilweise die Verantwortung für das, was geschehen war und gerade geschieht.

Arbeitsblatt 22: Tipps zur sozialen Kompetenz in Konfliktsituationen

3 Teile einer sozial kompetenten Botschaft

- Beschreiben Sie das Verhalten.
- Beschreiben Sie Ihre eigenen Gefühle oder Reaktionen.
- Beschreiben Sie, was nach Ihren Wünschen geschehen sollte.

Wenn Sie kritisiert werden

- Bleiben Sie cool; vermeiden Sie eine Eskalation.
- Hören Sie genau zu; zeigen Sie, dass Sie die Perspektive des anderen verstehen.
- Korrigieren Sie Missverständnisse.
- Übernehmen Sie teilweise Verantwortung und entschuldigen Sie sich, falls angebracht.

Beim Äußern negativen Feedbacks
(konstruktiver Kritik)

- Bleiben Sie ruhig; sprechen Sie nicht aus Wut oder Feindseligkeit.
- Wählen Sie den richtigen Zeitpunkt und Ort.
- Seien Sie genau; beschreiben Sie das Verhalten und machen Sie keine Schuldzuweisungen.
- Suchen Sie nach Missverständnissen.
- Verwenden Sie Ich-Botschaften.
- Übernehmen Sie teilweise Verantwortung oder bieten Sie Hilfe an, falls angebracht.

Wenn Sie um Veränderung bitten

- Beschreiben Sie, was die Person tut – das spezifische Verhalten, bei dem Sie eine Veränderung wünschen.
- Beschreiben Sie Ihre eigenen Gefühle oder Reaktionen mit der Ich-Botschaft.
- Beschreiben Sie, was Sie geändert haben möchten.
- Übernehmen Sie teilweise Verantwortung oder bieten Sie Hilfe an, falls angebracht.

Arbeitsblatt 23: Wie Kommunikation verläuft

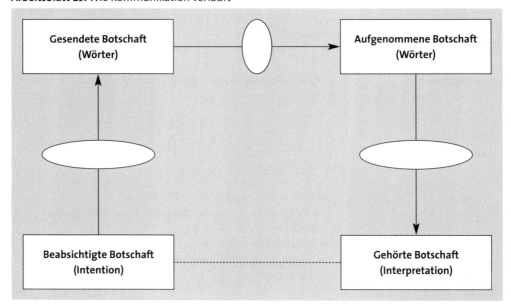

Arbeitsblatt 24: Aktuelles Zuhören = Reflektieren

Ich habe Zuhören geübt mit (Person): _____

Datum und Zeitpunkt: _____

Die andere Person wusste von dieser
Übung über Zuhörfähigkeiten: ☐ Ja   ☐ Nein

Ich denke,
ich war als Zuhörer: Nicht gut   O.k.   Wirklich gut

Ich war voll aufmerksam und
habe die Person sehen lassen,
dass ich zuhöre.   1   2   3   4   5

Ich habe mich mit eigenen
Meinungen, Interpretationen, Ratschlägen
etc. zurückgehalten.   1   2   3   4   5

Ich habe Augenkontakt gehalten.   1   2   3   4   5

Ich habe verstehende Äußerungen gemacht.   1   2   3   4   5

Bemerkungen (über was wir gesprochen haben, wie ich mich fühlte, was danach geschah etc.):

Arbeitsblatt 25: Angenehme Aktivitäten

Nachstehend viele verschiedene Aktivitäten, bei denen Menschen Spaß haben können. Einige davon werden Ihnen willkommen sein, andere dagegen nicht sehr erfreulich erscheinen.

Eine Autofahrt machen und sich etwas Neues ansehen	Kartenspiele oder Brettspiele spielen
Sich entspannen und Zeitung lesen	Neue flauschige Badehandtücher kaufen
Ihrem Kind bei den Hausaufgaben helfen	Das Bett frisch beziehen
Etwas pflanzen und beim Wachsen zuschauen	Nach Sonderangeboten in einem Billigladen schauen
Spazieren gehen	Sich für 20 min gegenseitig den Rücken massieren
Ein Nickerchen machen	Ein entspannendes heißes Bad nehmen
Etwas aus Holz bauen	Ihre bevorzugte Süßigkeit genießen
Vögel oder Enten füttern	Freude an einer perfekten Blume in der Vase haben
Ein Vogelhäuschen aufstellen	Jemandem ein Kompliment machen
Ein besonderes Dessert genießen	Für jemanden Babysitten, der Erleichterung braucht
Laufen gehen	Einem Studenten ein Esspaket senden
Früh aufstehen und den Sonnenaufgang beobachten	Jemanden Besonderes in der Familie anrufen
Mit dem Hund Gassi gehen	Einem alten Freund schreiben
Frisbee spielen	Ins Kino gehen, vielleicht mit einem Kind
Etwas nähen	Eine große Schüssel Popcorn zubereiten
Entspannt frühstücken	Eine Ölmassage geben oder geben lassen
Eine Stunde im Lieblingskaufhaus verbringen	Ihre Lieblingsmusik hören
Eine Make-up-Vorführung veranstalten	Ein Buch lesen, von dem man gehört hat
Ein Einkaufscenter besuchen	Eine Menge Plätzchen backen
Etwas Neues für den Kleiderschrank kaufen	Ein Essen für einen Freund zubereiten
Die Füße in einer Wanne mit warmem Wasser verwöhnen	Ein weiteres Teil zu Ihrer Sammlung hinzufügen
Die Füße mit einer kühlenden Lotion einreiben	Summen oder Singen
Jemandem, der Ihnen geholfen hat, einen Brief schreiben	In ein Tagebuch oder Journal schreiben
An einer Steppdecke arbeiten	Motorrad fahren
Beten	Golf oder Minigolf spielen
Einen alten Freund besuchen	Den Geldbeutel ausräumen
Ein Lieblingsessen zubereiten	Aufbewahrte alte Briefe lesen
Im Gras liegen	Gedichte lesen
Zu einem besonderen Essen ausgehen	Gedichte schreiben
Sich ein lustiges Video ausleihen	Ein Erinnerungskästchen anlegen
Tennis spielen	Ihr liebstes Kinderbuch lesen
Ein neues Rezept ausprobieren	Möbel umstellen
Nach Möbeln in einem Secondhandladen schauen	Einen Freund anrufen, der Sie zum Lachen bringt
Alte Sachen verkaufen	Kuchen backen
Skaten oder Rollschuh laufen	Ein bisschen Tagträumen
Rollschuh oder Schlittschuh laufen	Die Stille am frühen Morgen genießen

Arbeitsblatt 25: Fortsetzung

Mit einem Freund einen Kaffee trinken	Mit einem Freund zu Mittag essen
Ein Museum besuchen	Einen Berg herunterrollen
Am Wasser entlanglaufen	Einen neuen Nagellack auf die Fingernägel auftragen
Jemanden besuchen, der ans Haus gefesselt ist	Einen Bart wachsen lassen oder abrasieren
Auf dem Fahrradweg laufen oder fahren	Eine neue Frisur ausprobieren
Ein kleines Geschenk für ein Kind oder einen Freund kaufen	An einem Wettspiel teilnehmen
Einen Platz für einen Moment der Einsamkeit finden	Ihren Stammbaum herausfinden
Eine Pizza zubereiten	Als Trainer aushelfen
Die Bibliothek besuchen	Ein Zimmer streichen
Das Auto waschen und mit Wachs einreiben	Fenster putzen
Unter einem Baum liegen und den Himmel anschauen	Im Park ein Picknick machen
Im Garten arbeiten	Einen schönen Platz finden und den Nachthimmel anschauen
Einen Kurs besuchen	Einen Drachen steigen lassen
Ein Musikinstrument erlernen	Tanzen gehen
Einen Naturpark besuchen	In einem Chor singen
Einen Zoo besuchen oder dort aushelfen	In die Stadt gehen
Reiten gehen	Zu einer offenen Veranstaltung gehen
Landkarten anschauen, um Orte zu besuchen	Zum Abendessen in ein romantisches Restaurant gehen
Ein schwarzes Brett mit Familienfotos versehen	Eine Fußmassage bekommen oder geben
Meditieren	Ein Aquarium besuchen
Zelten gehen	Skifahren oder im Schnee spielen
Im Internet surfen	Ein Feuer machen
An einem Fluss entlanglaufen	Am Auto oder LKW arbeiten
Frische Früchte oder Beeren pflücken	Einen Urlaub oder Ausflug planen
Selbst gemachte Eiscreme zubereiten	Lächeln
Lieblingszeitschrift lesen	Formen in den Wolken finden
Zu einer Ausstellung in einem Geschäft gehen	Einen Cartoon zeichnen
Zu einem Vortrag oder Konzert gehen	Steaks grillen
Ins Sportstudio gehen und trainieren	Holz schneiden, hacken oder schnitzen
Mit jemandem zu einem Sportwettkampf gehen	Schwimmen gehen
Eine Stunde alleine mit Ihrem Kind verbringen	Lieblingsradiosender hören
Kreativ sein – eine neue Art der Kunst ausprobieren	Ein Bild einrahmen
Ein Familienalbum gestalten	Füße hochlegen
Eine Schaukel an den Baum hängen	Steine über das Wasser werfen
Alte Möbel restaurieren	In die Berge gehen
Jemanden anrufen, mit dem Sie reden möchten	Zug fahren

Anhang B – Therapeuten-Checklisten

Alle Therapeuten-Checklisten findenSie zum Ausdrucken auf der CD-ROM.

Übersicht

Therapeuten-Checkliste 1: 1. ASP-Sitzung

Benötigte Materialien	Atemalkoholtestgerät
	Atemalkoholtest
	Beginn Phase 1
	Beginnen Sie mit einer einleitenden strukturierenden Aussage
	Stellen Sie offene Fragen und konzentrieren Sie sich besonders auf reflektierendes Zuhören
	Rufen Sie selbstmotivierende Sprache (SMS) hervor
	Bieten Sie zwischenzeitliche Zusammenfassungen an
	Bestärken Sie den Klienten
	Antworten Sie mit Reflexionen auf die Bedenken und Aussagen des Klienten
	Beenden Sie mit zusammenfassender Reflexion und überleitender strukturierender Aussage
	Vorstellung des Konzepts einer unterstützenden wichtigen Person (WP)
	Sprechen Sie die Bedeutung der WP für eine erfolgreiche Behandlung an
	Bitten Sie den Klienten, die Möglichkeit einer WP-Einbeziehung bis Sitzung 2 zu überdenken
	Abschluss
	Bieten Sie eine strukturierende Aussage für die nächsten Behandlungsschritte an
	Vereinbaren Sie einen Termin für die nächste Sitzung (vorzugsweise nach einigen wenigen Tagen)

Therapeuten-Checkliste 2: Abschluss Phase 1

Benötigte Materialien	Atemalkoholtestgerät
	Arbeitsblätter:
	„Unterstützung für Abstinenz"
	„Wesentliche Merkmale einer wichtigen Person (WP)"
	„Hilfreiche Menschen" (mehrere)
	„Selbsteinschätzung"
	„Entscheidungswaage"
	Sitzungsbeginn
	Atemalkoholtest
	Beginnen Sie mit einer einleitenden strukturierenden Aussage
	Statuscheck: Stellen Sie offene Fragen und konzentrieren Sie sich auf reflektierendes Zuhören
	Einbeziehung einer wichtigen Person (WP)
	Besprechen Sie die Einbeziehung einer WP und lassen Sie den Klienten entscheiden
	Klären Sie die möglichen Rollen der WP, des Klienten und des Therapeuten
	Wählen Sie mit dem Klienten eine geeignete WP für die Behandlung aus
	Abschluss Phase 1
	Geben Sie eine überleitende Zusammenfassung und stellen Sie die Schlüsselfrage
	Reflektieren Sie
	Überprüfung des Arbeitsblattes „Selbsteinschätzung"
	Lassen Sie den Klienten das Arbeitsblatt „Selbsteinschätzung" ausfüllen (falls die Wertung weniger als 6 ergibt, gehen Sie das nachfolgende Modul durch, andernfalls beginnen Sie mit Phase 2)
Falls nötig	**Untersuchung der Motivationswertungen**
	Besprechen Sie die Wertungen im Arbeitsblatt „Selbsteinschätzung" und reflektieren Sie
	Geben Sie eine zusammenfassende Reflexion und stellen Sie die Schlüsselfrage
	Reflektieren Sie
Falls nötig	**Erstellen des Arbeitsblattes „Entscheidungswaage"**
	Stellen Sie das Arbeitsblatt „Entscheidungswaage" vor und besprechen Sie Pro und Kontra
	Lassen Sie den Klienten die Vorteile des Trinkens in die linke obere Spalte eintragen
	Lassen Sie den Klienten die Nachteile der Veränderung in die linke untere Spalte eintragen
	Lassen Sie den Klienten die Nachtteile des Trinkens in die obere rechte Spalte eintragen
	Lassen Sie den Klienten die Vorteile der Veränderung in die untere rechte Spalte eintragen
	Geben Sie eine zusammenfassende Reflexion und stellen Sie die Schlüsselfrage
	Reflektieren Sie
Falls nötig	**Exploration früherer Erfolge**
	Fragen Sie den Klienten nach früheren erfolgreichen Verhaltensänderungen
	Erfragen Sie, was der Klient tat, um erfolgreich zu sein (persönliche Fertigkeiten/Stärken)
	Falls angebracht, gehen Sie mit dem Klienten die Erfahrungen durch
	Falls angebracht, verwenden Sie Beispiele, wie andere bei Veränderungen Erfolg hatten
	Hören Sie zu und reflektieren Sie die Aussagen des Klienten zu persönlichen Fertigkeiten
	Geben Sie eine zusammenfassende Reflexion und stellen Sie die Schlüsselfrage
	Reflektieren Sie

Therapeuten-Checkliste 3: Phase 2

Benötigte Materialien	**Atemalkoholtestgerät**
	Informationen zu Selbsthilfegruppen (örtlich)
	Arbeitsblätter:
	„Alte Wege"
	„Persönliche Zufriedenheit"
	„Karten für persönliche Zufriedenheit"
	„Mögliche Themen"
	„Veränderungsplan"
	Atemalkoholtest
	Beginn Phase 2
	Leiten Sie die Phase 2 mit einer strukturierender Aussage und offenen Fragen ein
	Explorieren Sie die Ideen des Klienten über das Was und Wie der Veränderung
	Reflektieren Sie
	Funktionale Trinkanalyse
	Machen Sie eine einführende strukturierende Aussage
	Fragen Sie nach Auslösern und notieren Sie diese ins Arbeitsblatt „Alte Wege" (Imperfekt verwenden)
	Fragen Sie nach erwünschten Wirkungen und notieren Sie diese ins Arbeitsblatt „Alte Wege"
	Sprechen Sie mit dem Klienten das Arbeitsblatt „Alte Wege" durch und erwähnen Sie die Idee eines Weges
	Lassen Sie den Klienten die Auslöser mit den Wirkungen auf dem Arbeitsblatt verbinden (falls notwendig, zusätzliche Punkte hinzufügen)
	Verbinden Sie die Linien mit der Idee der psychischen Abhängigkeit und erklären Sie das Konzept, neue Wege zu finden
	Finden Sie mit dem Klienten Ideen für neue Wege und notieren Sie sie auf dem Arbeitsblatt „Mögliche Themen"

Fortsetzung auf S. 135

Therapeuten-Checkliste 3: Fortsetzung

Erfassung des psychosozialen Funktionsniveaus: Abstinenzorientierte Verhaltensanalyse
Lassen Sie den Klienten das Arbeitsblatt „Persönliche Zufriedenheit" ausfüllen
Lassen Sie den Klienten die Karten „Persönliche Zufriedenheit" sortieren und fragen Sie, welche Karten zumindest teilweise in Verbindung mit dem Trinken stehen
Kreuzen Sie ausgewählte Karten in der Spalte „Verbunden mit Alkoholkonsum" des Arbeitsblattes „Persönliche Zufriedenheit" an
Lassen Sie den Klienten die Karten nochmals sortieren und fragen Sie, in welchen Bereichen er gern eine Veränderung vornehmen würde
Kreuzen Sie ausgewählte Karten in der Spalte „Veränderung" des Arbeitsblattes „Persönliche Zufriedenheit" an
Diskutieren Sie alle Veränderungspunkte auf dem Arbeitsblatt „Persönliche Zufriedenheit" (beginnend mit dem am wenigsten zufrieden stellenden Bereich)
Besprechen Sie zusätzliche andere Punkte, falls notwendig
Geben Sie eine zusammenfassende Reflexion
Notieren Sie die Prioritäten des Klienten bzgl. einer Veränderung auf dem Arbeitsblatt „Mögliche Themen"
Identifizieren der Stärken und Resourcen
Machen Sie eine überleitende strukturierende Aussage
Identifizieren Sie persönliche Stärken des Klienten und fragen nach ausführlichen Beispielen
Bieten Sie eine zusammenfassende Reflexion an
Suchen Sie nach zusätzlichen Unterstützungsquellen
Entwicklung eines Veränderungsplans
Treffen Sie eine strukturierende Aussage
Besprechen Sie die auf dem Arbeitsblatt „Mögliche Themen" notierten Behandlungsoptionen
Empfehlen Sie Selbsthilfegruppen und ermutigen Sie den Klienten zur Teilnahme
Falls der Klient sich den Gruppen zugänglich zeigt, vermerken Sie seine Bereitschaft auf dem Arbeitsblatt „Mögliche Themen"
Lassen Sie den Klienten die möglichen Themen nennen, die für ihn Vorrang haben
Treffen Sie eine strukturierende Aussage über die gemeinsame Entwicklung eines Veränderungsplans
Erstellen des Veränderungsplans mit dem Klienten
Spezifizieren Sie die Ziele des Klienten bezogen auf das Trinken (Ziel Nr. 1) sowie andere Ziele
Explorieren Sie die Vorteile der Abstinenz und äußern Sie, falls notwendig, Ihre Bedenken
Verstärkung der Selbstverpflichtung
Wiederholung: Fassen Sie die SMS ebenso wie den Veränderungsplan zusammen
Bitten Sie um die Selbstverpflichtung des Klienten zum Veränderungsplan und bestätigen Sie den Klienten
Klient und Therapeut unterzeichnen den Veränderungsplan mit Angabe des Datums

Therapeuten-Checkliste 4: 1. Sitzung der wichtigen Person (WP)

	Heißen Sie die WP willkommen und danken ihr für die Teilnahme
	Finden Sie heraus, wobei die WP in der Vergangenheit versucht hat, hilfreich zu sein
	Reflektieren Sie
	Erläutern Sie die Rolle der WP und fragen Sie nach ihrer Hilfsbereitschaft
	Fragen Sie, ob der Klient mit der Hilfe der WP einverstanden ist
	Fragen Sie die WP, ob Fragen bestehen, die Sie beantworten können
	Fragen Sie, ob der Klient Fragen oder Bedenken zur Teilnahme der WP hat

Therapeuten-Checkliste 5: Probeabstinenz (PA)

Einschätzung der Motivation für eine Probeabstinenz
Rufen Sie beim Klienten SMS hervor (z.B. offene Fragen über Vorteile der Abstinenz)
Reflektieren Sie die SMS
Fassen Sie die vom Klienten angegeben Gründe für eine Probeabstinenz zusammen
Explorieren Sie die Bereitschaft für eine Probeabstinenz
Fragen Sie, ob der Klient bereit ist, eine Probeabstinenz zu versuchen
Antworten Sie mit Reflexionen
Diskutieren Sie die Durchführung der Probeabstinenz
Wie lange? (Beginnen Sie mit dem Vorschlag für 1 Monat)
Erläutern Sie die Notwendigkeit und den Rahmen einer medizinisch überwachten Entgiftung
Diskutieren Sie Hindernisse und Probleme sowie deren Lösungen (Rettungsring, Vermeidung)
Zögernde Patienten
Verschieben Sie die Entscheidung
Betonen Sie die persönliche Entscheidungsfreiheit des Klienten

Therapeuten-Checkliste 6: Bedenken äußern (BÄ)

Reflektieren Sie Ziel, Plan oder Absicht, worüber Sie Bedenken haben
Bitten Sie um Erlaubnis, Ihre Bedenken zu äußern
Äußern Sie Ihre Bedenken
Bitten Sie den Klienten, auf die Bedenken zu antworten

Therapeuten-Checkliste 7: Ausrutscher (AUA)

Benötigte Materialien	Arbeitsblätter:
	„Verstehen eines Ausrutschers"
	„Einen Ausrutscher verarbeiten: 8 praktische Tipps"
	Mögliche Verwendung des Arbeitsblattes „Entscheidungswaage"
	Einschätzung der Motivation
	Wenden Sie die Phase-1-Strategien zur Einschätzung der Motivation an
	Wiederholen Sie evtl. die Intervention „Betonung der Abstinenz", das optionale Modul EW „Entscheidungswaage" oder Modul EE „Exploration früherer Erfolge"
	Geben Sie eine zusammenfassende Reflexion, stellen Sie die Schlüsselfrage und formulieren Sie neue Zielsetzungen
	Funktionale Trinkanalyse mithilfe des Arbeitsblattes „Verstehen eines Ausrutschers"
	Arbeiten Sie das Arbeitsblatt „Verstehen eines Ausrutschers" durch
	Achten Sie auf SMS und reflektieren Sie diese
	Verarbeiten eines Ausrutschers
	Arbeiten Sie das Arbeitsblatt „Einen Ausrutscher verarbeiten: 8 praktische Tipps" durch
	Geben Sie eine zusammenfassende Reflexion und fördern Sie eine erneute Selbstverpflichtung für Abstinenz

Therapeuten-Checkliste 8: Medikamenten-Compliance (MC)

	Beurteilung der Motivation
	Identifizieren Sie die Gründe der Non-Compliance
	Explorieren Sie die Medikamenten-Compliance in der Vergangenheit
	Auslösen von SMS zur Compliance
	Wenden Sie die Phase-1-Strategien zur Erhöhung der Motivation für Compliance an
	Selbstverpflichtung für Compliance
	Explorieren Sie Pro und Kontra der Non-Compliance
	Lösen Sie die Ambivalenz des Klienten mit Phase-1-Strategien auf
	Fördern Sie die Entscheidung für Selbstverpflichtung
Falls nötig	Verschieben Sie die Entscheidung
	Überwinden der Hindernisse für Medikamenten-Compliance
	Erarbeiten Sie einen konkreten Plan zur Förderung der Compliance
	Erarbeiten Sie einen Notfallplan

Therapeuten-Checkliste 9: Case-Management (CM)

Benötigte Materialien	Information über potenzielle Hilfsstellen Mehrere Arbeitsblätter „Case-Management"
	Stellen Sie das Modul vor
	Identifizieren Sie mögliche Problembereiche
	Lassen Sie den Klienten in seiner Zielsetzung Prioritäten setzen und helfen Sie ihm dabei
	Füllen Sie das Arbeitsblatt „Case-Management" aus
	Überprüfung der Fortschritte

Therapeuten-Checkliste 10: Umgang mit Trinkdruck (TD)

Benötigte Materialien	Arbeitsblatt „Trinkdrucküberwachung"
	Erklären Sie das Konzept Trinkdruck
	Besprechen Sie Auslöser für Trinkdruck (innere und äußere)
	Besprechen Sie den Verlauf von Trinkdruck
	Erkennen und Handhaben von Auslösersituationen
	Eruieren Sie Trinkdrucksituationen, die der Klient vor kurzem erlebt hat
Achtung!	Beachten Sie, ob beim Klienten durch das Besprechen potenzieller Triggersituationen Trinkdruck in den Sitzungen entsteht
	Trinkdrucküberwachung
	Erklären Sie das Arbeitsblatt „Trinkdrucküberwachung"
	Identifizieren Sie mögliche Hindernisse
	Üben Sie gemeinsam
	Vereinbaren Sie 2–3 Wochen Trinkdrucküberwachung als Hausaufgabe
	Strategien zum Umgang mit Trinkdruck
	Externe Auslöser
	Besprechen Sie 4 Strategien: Vermeiden, Situation verlassen, Ablenken, Durchhalten
	Interne Auslöser
	Besprechen Sie 2 Strategien: Loslassen und Durchhalten
	Entwicklung eines individuellen Bewältigungsplans
	Lassen Sie den Klienten 2–3 Strategien, die für ihn am geeignetsten erscheinen, auswählen
	Bauen Sie die gewählten Strategien im Detail aus

Therapeuten-Checkliste 11: Stimmungsmanagement (SM)

Benötigte Materialien	**Arbeitsblätter:** **„STORC: Verstehen von Emotionen und Stimmungen"** **„Stimmungstagebuch"** **„Neue Gedanken"**
	Grundprinzipien des Stimmungsmanagements
	Stellen Sie das STORC-Modell vor (Arbeitsblatt) und erklären Sie es
	Exploration von Situationen, Gedanken, körperlichen Empfindungen, Reaktionen und Konsequenzen
	Exploration negativer Stimmungen
	Leiten Sie den Klienten zur Selbstbeobachtung, „Stimmungstagebuch" an
	Üben eines identifizierten Ereignisses, Ausfüllen jeder Spalte und Besprechung
	Lassen Sie den Klienten als Hausaufgabe für die Folgewoche seine Stimmungen überwachen
	Automatische Gedanken
	Zeigen Sie die Verbindung zwischen Gedanken und Emotionen auf und erklären Sie die Prinzipien der kognitiven Umstrukturierung
Folge-sitzung(en)	Überarbeiten Sie das Arbeitsblatt „Stimmungstagebuch" und suchen Sie nach Mustern, die zu negativen Stimmungen führen (Inhalt und Prozess)
	Eruieren Sie andere Möglichkeiten, die Situation einzuschätzen oder zu interpretieren
	Herausfordern automatischer negativer Gedanken
	Wiederholen Sie die Prinzipien der kognitiven Umstrukturierung
	Betonen Sie die Wahlfreiheit
	Erläutern Sie 2 Arten der Gedankenveränderung: anders denken oder anders reagieren
	Erläutern Sie das Arbeitsblatt „Neue Gedanken"
	Üben Sie das Ausfüllen des Arbeitsblattes „Neue Gedanken" mit Situationen aus dem Arbeitsblatt „Stimmungstagebuch"
	Explorieren Sie Situationen und fragen Sie den Klienten, was er anstelle dieser getan haben könnte
	Vereinbaren Sie eine Hausaufgabe
	Anwendung von STORC bei starkem Trinkdruck
	Identifizieren Sie die STORC-Komponenten, die Trinkdruck verursachen
	Finden Sie Wege, negative Selbstgespräche herauszufordern und durch andere Gedanken und Reaktionen zu ersetzen (eigene Ideen des Klienten)

Therapeuten-Checkliste 12: Umgang mit Trinkangeboten und sozialem Druck (UTSD)

Benötigte Materialien	**Arbeitsblätter:** **„Soziale Drucksituationen und Bewältigungsstrategien"** **„Checkliste sozialer Drucksituationen"**
	Sozialer Druck und Ablehnen von Alkohol
	Erklären Sie direkten und indirekten sozialen Druck
	Erkennung von Situationen mit sozialem Druck und Bewältigungsstrategien „Checkliste sozialer Drucksituationen"
	Identifikation spezieller Beispiele des sozialen Drucks und spezifischer Personen „Soziale Drucksituationen und Bewältigungsstrategien"
	Entwicklung von Fertigkeiten zum besseren Umgang mit sozialem Druck
	Erläutern Sie die Begründung, das Ablehnen von Alkohol durchzudenken und zu üben
	Erklären Sie 2 Wege der Bewältigung: Vermeiden oder die Situation verlassen
	Erarbeiten Sie Strategien zur Lösung von Problemsituationen mit sozialem Druck
	Reflektieren und bestätigen Sie
	Üben der Bewältigungsstrategien
	Betonen Sie die Wichtigkeit, auf Situationen mit sozialem Druck vorbereitet zu sein
	Diskutieren Sie die Idee, eine Reihe von Antworten parat zu haben
	Betonen Sie die Wichtigkeit des Einstudierens von Verhaltensstrategien
	Studieren Sie mit dem Klienten die erarbeiteten Strategien der Alkoholablehnung (durch behutsame Führung) ein und variieren Sie die Szenarien mit steigendem Schwierigkeitsgrad
	Beenden der Sitzung
	Fassen Sie die Bewältigungsstrategien zusammen und wiederholen Sie sie
	Eruieren Sie, wo der Klient meint, zusätzliche Hilfe zu benötigen
	Halten Sie während des gesamten Moduls alles auf den Arbeitsblättern fest
	Geben Sie dem Klienten die Arbeitsblätter mit nach Hause, behalten Sie jedoch eine Kopie für ihre Akte

Therapeuten-Checkliste 13: Soziale Kompetenz (SK)

Benötigte Materialien	Arbeitsblätter: "Situationen für soziale Kompetenz" "Einige Grundregeln sozial kompetenter Kommunikation" "Tipps zur sozialen Kompetenz in Konfliktsituationen"
	Identifizierung von Situationen, die soziale Kompetenz erfordern
	Bitten Sie den Klienten, Erfahrungen zu identifizieren, die starke Gefühle auslösten
	Verwenden Sie das Arbeitsblatt "Situationen für soziale Kompetenz"
	Definition sozialer Kompetenz
	Diskutieren Sie die Grundeinstellung
	Stellen Sie passive, aggressive und sozial kompetente Kommunikation gegenüber
	Diskutieren Sie Vor- und Nachteile jeder Form
	Wie man sozial kompetent kommuniziert
	Arbeiten Sie das Arbeitsblatt "Einige Grundregeln sozial kompetenter Kommunikation" durch (geben Sie eine Kopie an den Klienten)
	Erklären – Zeigen – Ausprobieren: Ich-Botschaften und wie man um eine Veränderung des Verhaltens bittet
	Soziale Kompetenz bei zwischenmenschlichen Konflikten
	Sprechen Sie die Regeln des Gebens und Annehmens konstruktiver Kritik durch
	Ermutigen Sie den Klienten und verstärken Sie jedwede Anstrengungen von ihm positiv
	Beenden der Sitzung
	Besprechen und vereinbaren Sie eine Hausaufgabe bis zur nächsten Sitzung

Therapeuten-Checkliste 14: Kommunikationsfertigkeiten (KO)

Benötigte Materialien	**Arbeitsblätter:** „Wie Kommunikation verläuft" „Aktives Zuhören = Reflektieren" „Angenehme Aktivitäten"
	Vorstellung des Kommunikationsmodells
	Fragen Sie den Klienten nach Kommunikationssituationen
	Erläutern Sie das Arbeitsblatt „Wie Kommunikation verläuft"
	Effektive Kommunikation
	Übung: Aufmerksamkeit
	Erläutern Sie Kommunikationshindernisse
	Übung: Bedeutung erahnen
	Übung: Reflexionen
	Vereinbaren Sie eine Hausaufgabe (Arbeitsblatt „Aktives Zuhören = Reflektieren")
	Steigerung positiver Interaktionen
	Besprechen Sie, wie gute Beziehungen durch gemeinsame angenehme Aktivitäten gefördert werden
	Nehmen Sie das Arbeitsblatt „Angenehme Aktivitäten" zu Hilfe
	Vereinbaren Sie eine oder mehrere angenehme alkoholfreie Aktivitäten als Hausaufgabe bis zur nächsten Sitzung

Therapeuten-Checkliste 15: Soziale und Freizeitberatung (SFB)

Benötigte Materialien	Arbeitsblatt „Angenehme Aktivitäten"
	Besprechen Sie die Wichtigkeit positiver Beziehungen und belohnender Freizeitaktivitäten
	Eruieren Sie die Gefühle und Gedanken des Klienten
	Reflektieren Sie die SMS
	Reflektieren Sie zusammenfassend die wichtigen Gründe zur Entwicklung alkoholfreier Quellen positiver Verstärkung
	Angenehme (alkoholfreie) Aktivitäten
	Erstellen Sie gemeinsam einen Plan, alkoholfreie Aktivitäten, die den Klienten interessieren, auszuprobieren
	Vereinbaren Sie 1–2 Aktivitäten als Hausaufgabe
	Entwicklung eines alkoholfreien Unterstützungssystems
	Identifizieren Sie hilfreiche Menschen bei alkoholfreien Aktivitäten oder aus Diskussionen des Klienten mit Familie oder Freunden
	Angenehme (alkoholfreie) Aktivitäten ausprobieren
	Lassen Sie den Klienten eine Aktivität aus der Optionsliste wählen
	Erteilen Sie dem Klienten die Aufgabe, die Aktivität bis zur nächsten Sitzung auszuprobieren
	Diskutieren Sie Vorbehalte/Ängste beim Ausprobieren von neuen Aktivitäten
	Klären Sie Faktoren, die möglicherweise das Ausprobieren oder Genießen neuer Aktivitäten beeinträchtigen könnten
	Systematische Ermutigung
	Üben Sie die Kontaktaufnahme mit Vereinen
	Rufen Sie eine Kontaktperson an, um den Klienten beim Treffen zu empfangen
	Sprechen Sie den verstärkenden Wert von Aktivitäten durch

Therapeuten-Checkliste 16: Check-up-Sitzung

Präsentation der Phase 4
Erläutern Sie, dass gelegentliche Check-up-Sitzungen (alle paar Wochen) hilfreich sein können
Geben Sie dem Klienten die Entscheidungsfreiheit
Vermeiden Sie, Rückfallrisiken als Druckmittel einzusetzen
Grundstruktur der Check-up-Sitzungen
Überprüfen Sie den Fortschritt des Klienten
Erneuern Sie die Motivation
Besprechen Sie Ausrutscher (falls aufgetreten)
Erörtern Sie die Möglichkeit der Wiederaufnahme von regulären Sitzungen
Sprechen Sie alkoholfreie Situationen durch
Kehren Sie nochmals zu Phase 3 zurück, falls Sie und Ihr Klient der Meinung sind, dass es hilfreich sein könnte

Therapeuten-Checkliste 17: Abschlusssitzung

	Vorbereiten des Klienten
	Erinnern Sie den Klienten 3 Sitzungen vor der letzten Sitzung, dass nur noch 3 Sitzungen verbleiben
	Erwähnen Sie die Möglichkeit für Follow-up-Sitzungen
	Ihre eigene Vorbereitung
	Überprüfen Sie die Therapiefortschritte
	Besprechen Sie den Therapieabschluss mit Ihrem Supervisor 3 Sitzungen vor Abschluss der Behandlung
	Wesentliche Elemente der Abschlusssitzung
	Drücken Sie Ihre Anerkennung aus
	Fragen Sie, welche wichtigen Veränderungen vorgenommen wurden
	Bestätigen Sie die erzielten Fortschritte
	Rechnen Sie die Fortschritte dem Klienten an
	Explorieren Sie die Gefühle bzgl. der Beendigung der Therapie
	Fragen Sie, was als Nächstes geschieht
	Unterstützen Sie die Selbstwirksamkeit
	Ziehen Sie zusätzliche Behandlungen in Betracht
	Erinnern Sie an die Möglichkeit für Follow-up-Sitzungen
Falls gewünscht	Vereinbaren Sie den Termin für eine Follow-up-Sitzung

Behandeln Sie evidenzbasiert –
für den dauerhaften Therapieerfolg

L.G. Schmidt/M.Gastpar/
P. Falkai/W.Gaebel (Hrsg.)

**Evidenzbasierte
Suchtmedizin**

Behandlungsleitlinie
Substanzbezogene Störungen

Deutscher
Ärzte-Verlag

Die Behandlung von Suchtkranken stellt Sie vor große Herausforderungen – die Vielzahl von Suchtmitteln mit ihren spezifischen Auswirkungen erfordert ein breites Wissen über die Substanzen und differenziertes Behandlungswissen.

Die S2-Behandlungsleitlinie der DG-Sucht und der DGPPN bietet Ihnen evidenzbasierte Strategien sowohl für die Akutbehandlung als auch für die Postakut-behandlung – für den dauerhaften Behandlungserfolg.

S2-Leitlinien für

- Alkoholbezogene Störungen
- Tabakabhängigkeit
- Cannabisbezogene Störungen
- Opioidbezogene Störungen
- Störungen durch Kokain, Amphetamine, Ecstasy und Halluzinogene
- Medikamentenabhängigkeit

2006, 326 Seiten
ISBN 3-7691-0520-6
broschiert € **39,95**

Systematische Entzugsbehandlung –
Schritt für Schritt

Mit CD-ROM

K. F. Mann / S. Löber / B. Croissant / F. Kiefer

**Qualifizierte Entzugs-
behandlung von
Alkoholabhängigen**

Ein Manual zur Pharmako- und Psychotherapie

Deutscher
Ärzte-Verlag

Die „Qualifizierte Entzugsbehandlung" ist das Verfahren der Wahl für die Behandlung von Alkoholabhängigen. Mit diesem Manual zur Pharmako- und Psychotherapie erlernen Sie das Verfahren wissenschaftlich gesichert und von Behandlungsplänen z.B. für die Gruppenpsychotherapie gestützt.

- Psycho- und Pharmakotherapeutische Behandlungsansätze
- Verhaltenstherapeutisches Gruppentherapieprogramm
- mit Arbeitsmaterialien auf CD-ROM

Das Referenzwerk für die Behandlung von Alkoholabhängigen.

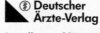
Deutscher
Ärzte-Verlag

Bestellungen bitte an Ihre Buchhandlung oder
Deutscher Ärzte-Verlag, Versandbuchhandlung:
Postfach 400244, 50832 Köln; Tel. (0 22 34) 7011-314 / Fax 7011-476
E-Mail: vsbh@aerzteverlag.de

2006, 148 Seiten,
14 Abbildungen, 6 Tabellen
ISBN 3-7691-1226-1
broschiert € **29,95**

Irrtümer und Preisänderungen vorbehalten. Preise zzgl. Versandspesen € 4,50
Deutscher Ärzte-Verlag GmbH · Sitz Köln – HRB 106 Amtsgericht Köln